Das
Russische
Kochbuch

KOMET

Besuchen Sie uns im Internet: www.komet-verlag.de

Idee/Konzept/Design/Inhalt: agilmedien, Köln
Umschlaggestaltung: Peter Mebus für agilmedien, Köln
Satz: Peter Mebus für agilmedien, Köln
Foodfotos: Paul LeClaire, Köln
Landschaftsfotos: Heinz-Klaus Strick/Live-Fotoagentur
Texte: Petra Knorr/Dr. Michael Vonau
Gesamtherstellung: Komet Verlag GmbH, Köln
ISBN 3-89836-229-9

Das Russische Kochbuch

KOMET

Inhalt

Vorwort

DR. MICHAEL VONAU

Eine Zugehfrau im Dienst der Fürstin Schabowski musste sich oft über die Tischsitten der westeuropäischen Gäste des Hauses wundern: „Sie essen nur ein paar kleine Bissen, wie die Vögelchen", vertraute sie ihrer Herrin an. Die Stunden der „kleinen Bissen" oder besser, der nouvelle cuisine, sind gottlob gezählt. Der Gourmet von heute darf im Zuge der Renaissance verfeinerter Regionalküchen ein wenig den Gourmand, den Schlemmer, in sich wieder entdecken und in der traditionell ebenso köstlichen wie üppigen Küche Russlands kommt er gewiss auf seine Kosten. Vor noch nicht allzu langer Zeit galt die russische Küche in Feinschmeckerkreisen als Größe, die man nur allzu gerne vernachlässigte, hatte doch der Eiserne Vorhang für Jahrzehnte der kulinarischen Neugier des Westens einen deutlichen Riegel vorgeschoben. Mit der politischen Freiheit kam glücklicherweise auch die Lüftung der traditionellen Küchengeheimnisse – Mütterchen Russland ließ sich nun bereitwillig und mit wachsendem Selbstvertrauen in die dampfenden Kochtöpfe schauen.

„Lass mich in deinen Suppentopf gucken, dann weiß ich, wer du bist." In Russland geht nicht nur die Liebe durch den Magen – die ganze Seele und Geschichte des Volkes spiegelt sich nach dem alten Sprichwort in seiner Landesküche. Vor seiner relativ späten Industrialisierung war Russland ein wohlhabender Agrarstaat, dessen kulinarische Bodenschätze nicht zuletzt zum Aufblühen des Zarenreiches beitrugen. Im 19. Jahrhundert verfeinerte sich auch hier der bürgerliche Geschmack dank immer neuer Handelsbeziehungen und der Entdeckung immer neuer Zutaten und Gewürze. Seit dem Ende der Sowjetherrschaft sorgt die allmählich erwachende Privatwirtschaft für größere Abwechslung auf dem Küchenzettel, und mit einem ungeheuren Selbstbewusstsein überraschen Köchinnen und Köche mit immer neuen kulinarischen Kreationen.

Auch Gastfreundschaft und Geselligkeit gehen in Russland vornehmlich durch den Magen. Selbst in Zeiten größter Entbehrungen wurde jeder Besucher wie ein König bewirtet und man teilte mit ihm, was Speise- und Getränkekammer hergaben. Eine russische Festtafel präsentiert sich heutzutage ungefähr folgendermaßen: Man beginnt immer mit der Sakuska – den Vorspeisen. Im Mittelpunkt steht hier natürlich der Kaviar. Daneben gibt es noch zahlreiche Fischvorspeisen und Fleischgerichte, Salate und verschiedene Feldfrüchte, Eiergerichte, sauer eingelegtes Gemüse und marinierte Pilze, frischen Meerrettich und Paprika – und natürlich: ofenfrisches Brot. Noch heiße, dampfende Piroggen, raffinierte Suppen, Teigwaren von seltener Frische. Eine russische Sakuska übertrifft mit Leichtigkeit jedes westliche Büffet in Sachen Üppigkeit. Zur leichteren Verträglichkeit sollte man immer nur kleine Häppchen nehmen, davon allerdings reichlich.

Was natürlich auch hier nicht fehlen darf, ist des Russen liebster Bankettbegleiter: das Brot. Eine schier unerschöpfliche Vielfalt an Sorten lässt sich bis in die Zarenzeit zurückverfolgen. Jeden Tag gab es frische Kringel, Wecken, Striezel und die so begehrten Kalaschen. Bereits während des Krieges gegen den französischen Kaiser Napoleon (1812–1814) bezog das russische Heer seine legendäre Widerstandskraft aus dem heimischen Weizenwunder. Das ganze Geheimnis liegt in der verwendeten Mehlsorte, nur ein mehrmals durchgesiebtes Hartweizenmehl garantiert den vollen Genuss.

Man kann ein Menü aber auch sehr schlicht und elegant mit heißen, knusprigen Blinys, den beliebten kleinen Buchweizenpfannkuchen, eröffnen. Sie werden mit Butter bestrichen und mit eisgekühltem Kaviar belegt; ein Klecks saurer Sahne rundet diese Köstlichkeit ab. Und nie ohne Wodka! Eiskalt wird er serviert und ist ein idealer Begleiter zu jedem Gang, entweder in wunderschönen Karaffen oder der typischen schlichten Flasche kommt er auf den Tisch. 40 % Alkohol sind ein unbedingtes Muss, nur so erschließt sich die ganze Aromafülle der gereichten Speisen. Für weniger hartgesottene Liebhaber der russischen Küche bewirkt auch ein gutes Tafelwasser oder ein Fruchtsaft das Wunder einer harmonischen Geschmacksabrundung.

Bei den Suppen darf selbstverständlich das russische Nationalgericht schlechthin nicht fehlen: der Borschtsch. Bis zu zwanzig verschiedene Zutaten verhelfen dem Zaren unter den Eintopfgerichten zu seiner ganzen Geschmacksfülle, und natürlich hat jeder russische Haushalt sein ganz spezielles Geheimrezept. Der Borschtsch kann nicht nur gekocht, sondern auch gebraten oder gedünstet werden, seinem Variantenreichtum sind keine Grenzen gesetzt.

Bei all den Köstlichkeiten stellt sich natürlich die Frage: Ist das nicht alles zu aufwendig und zu schwierig? Keine Sorge, das ist es nicht. Alle Russen feiern und essen gerne, aber auch in Russland hat die Moderne mit der Maxime „time is money" Einzug gehalten, Zeitaufwand und kulinarischer Genuss stehen in einem perfekten Verhältnis.

Vornehmliches Ziel unserer Sammlung der beliebtesten Rezepte Russlands ist es, aus allen Regionen des ehemaligen Zarenreiches die besten, schmackhaftesten und ursprünglichsten Speisen zusammenzutragen, wobei die genaue Prüfung der Originalität und Echtheit der Rezepte auf ihren regionalen Ursprung hin im Mittelpunkt steht: Sie sollen nur die authentische russische Küche kennen lernen und nichts anderes.

Noch ein kleiner Tipp: Trinken Sie schon beim Lesen ein kleines Gläschen Wodka, dann wird sich Ihnen die Vielfalt der russischen Küche von der ersten Seite an vollkommener erschließen.

Na Sdarowje! Zum Wohl!

„Wer nicht arbeiten will, der soll auch nicht essen.“ Der russische Revolutionsführer Lenin traf eindeutig den Nerv seiner Landsleute: Beim Essen, oder besser beim Hungern, hörte der Spaß auf. Für Lenin bezeichnete das Zitat aus dem zweiten Brief des Apostels Paulus an die Thessalonicher (3,10) das „sozialistische Prinzip“ schlechthin. Die ungerechte Verteilung an Lebensmitteln war nicht zuletzt eine der fundamentalen Triebfedern, und zwar nicht nur der Russischen Revolution. Während die Bauern als fleißige Erzeuger all der kulinarischen Köstlichkeiten im Verein mit der Arbeiterklasse ihr Leben überwiegend bei einfachen, aber nahrhaften Suppen und Weizenbreigerichten oder gleich bei Brot mit Salz fristeten, konnten Adel, Großgrundbesitzer und Großbürgertum als „faule“ Klassen schon in ganz anderen Sphären schwelgen und schlemmen.

Aus der Zeit des Zaren Iwan IV. Wassiljewitsch (1530–1584), genannt der Schreckliche, ist der Speiseplan eines fürstlichen Banketts für 300 geladene Gäste überliefert, der die ganze Fülle der königlichen Macht und der königlichen Speisekammern offenbart: „Zuerst gab es fünf Wildgerichte – gebratenen Pfau in vollem Gefieder, gewürzten Schwan, Kraniche mit Ingwer, Perlhühner mit Zimt und Ente in Rahm. Drei klare und drei angedickte Suppen. Der Hauptgang bestand aus einem ganzen Kalb, einem ganzen Schaf, mehreren Rindervierteln sowie den Lendenstücken eines Bären und eines Rentiers. Als Nachtisch trugen die Bediensteten einen riesigen Pudding in Gestalt von Iwans Palast, dem Kreml, herein.“

So beeindruckend diese Auflistung an kulinarischen Köstlich- und Grausamkeiten auch sein

Neubaugebiet in Moskau

mag, den Geschmack von heute treffen sie wohl kaum mehr. Es ist eher die ländlich-bürgerliche Küche Russlands, die ihren Siegeszug um die ganze Welt angetreten hat. Liest man die Schilderung einfacher Kulebjaka (gefüllter Piroggen) aus der Feder des russischen Schriftstellers Anton Tschechow (1860–1904), wie er sie seiner Erzählung „Sirena" einverleibt hat, dann läuft einem auch heute noch das Wasser im Mund zusammen:

„Die Kulebjaka muss appetitlich sein, schamlos in ihrer Nacktheit, sie muss zum Essen verführen. Du musst ihr mit den Augen zublinzeln, einen großen Happen abschneiden, mit den Fingern langsam darüber streichen aus einem Übermaß an Gefühl. Du beginnst zu essen, die Butter tropft wie Tränen, die Füllung ist fettig, saftig, mit Eiern, mit Innereien, mit Zwiebeln."

Doch auch bei den nationalen Lieblingsgerichten musste immer darauf geachtet werden, dass man standesgemäß tafelte. Für Onkel Oblomow, den größten Faulpelz der russischen Literatur und Helden des gleichnamigen Romans von Iwan Gontscharow (1812–1891), ist Pirogge nicht gleich Pirogge:
„Heute ist Sonntag, da backen sie Piroggen." „Das werden die richtigen Piroggen sein!", sagte Oblomow geringschätzig. „Wahrscheinlich mit Zwiebeln und Rüben gefüllt ..." „Die Piroggen sind nicht schlechter als unsere Oblomowschen", bemerkte Sachar. „Mit Hühnerfleisch und frischen Pilzen gefüllt." „Ach, das muss gut sein. Bring mir eine!"
Was dem einfachen Bauern recht ist, braucht dem selbstbewussten Bürgersmann noch lange nicht billig zu sein, und so wird hier auf dem Rücken des wohl bekanntesten russischen Gerichts ein kleiner kulinarischer Kulturkampf ausgetragen. Einmal mehr zulasten des eigentlichen Erzeugers, der sich häufig zumeist wegen der hohen Mehlpreise noch nicht einmal die einfachste Piroggen-Variante leisten konnte.

Ikone

Baikalsee

Die Russische Küche

DIE SLAWISCHE BAUERNKÜCHE

Der Ursprung der russischen Küche liegt in jener uralten Bauernküche begründet, von der sich der faule Tunichtgut Oblomow so gerne abgesetzt hätte. In den Wirren der mittelalterlichen Völkerwanderungszeit des 7. Jahrhunderts n. Chr. brachen slawische Volksstämme aus ihren angestammten Siedlungsgebieten im heutigen Polen, der Ukraine und Belorussland auf, die riesigen Wälder des russischen Nordens urbar zu machen. Sie schufen sich durch Brandrodung Platz für ihre Felder und Dörfer. Besonders beliebt war der Anbau von Roggen, aber auch Hafer, Buchweizen und Graupen lieferten die Grundstoffe für Brot, Bier, Suppen und Breigerichte. Von den verfeindeten Tartaren erlernten die Slawen die Kunst der Nudelzubereitung im 13. oder 14. Jahrhundert. An Gemüsesorten beherrschten Steckrüben, Karotten, rote Rüben, Rettich, Kohl und Gurken den bäuerlichen Speiseplan. Die rauen Winter Russlands machten schon in dieser Zeit verfeinerte Konservierungstechniken überlebensnotwendig: in Essig eingelegt oder gepökelt blieben die meisten Nahrungsmittel über ein halbes Jahr hinweg genießbar.

Wer sich ein paar Stück Vieh, etwa Kühe, Enten, Pferde oder Hühner, halten konnte, galt schon als begütert; geschlachtet und gepökelt wurde vornehmlich im Herbst. So waren auch Fleisch, Milchprodukte und Eier reine Luxusgüter, die nur an besonderen Festtagen Eingang in die bäuerliche Küche fanden. Was man nicht selbst anbauen oder züchten konnte, wurde in der freien Natur, in den Wäldern, Seen und Flüssen gejagt oder gesammelt: Wild, Vögel und Fische waren eine beliebte Abwechslung und ein wichtiger Lieferant für das lebenswichtige tierische Eiweiß. Nüsse, Beeren und Honig waren Grundlage für die später so üppige Süßspeisenkultur Russlands.

DAS „WEISSE GOLD" UND FERNE DÜFTE

Das „weiße Gold" des Mittelalters, das Salz, wichtig für die Ernährung und zur Konservierung von Nahrungsmitteln, wurde zunächst mühsam als Steinsalz abgebaut, später wurde es aus Salzseen oder dem Meer raffiniert. Die Salzgewinnung entwickelte sich zu einem bedeutenden Wirtschaftszweig – bereits im 12. Jahrhundert konnte Russland Salz in großen Mengen nach Westeuropa exportieren. Im 14. Jahrhundert wurden im Gebiet zwischen Moskau und der Ostsee erste Salzstollen angelegt, die eine deutliche Produktivitätssteigerung auf diesem Sektor erbrachten. Die aufblühenden Handelsbeziehungen Russlands in jener Zeit reichten auch bis ins äußerste Sibirien. Von dort brachte man neue Techniken der Herden- und Vorratshaltung, und nicht zuletzt das Rezept für die beliebten Pelmeni, eine Art Ravioli, mit, im Gegenzug machte man die eingeborenen Völker mit der Schmackhaftigkeit vergorener und destillierter alkoholischer Getränke vertraut.

Die Erweiterung des russischen Reiches brachte auch eine Bereicherung der heimischen Küche mit sich. Die Eroberung des gesamten Wolgagebietes bis hin zur Flussmündung im Kaspischen Meer 1569 versetzte Russland in eine zentrale Position beim Handel mit Pfeffer, Safran und Zimt. Melonen und weitere Südfrüchte aus dem zentralasiatischen Raum und nicht zuletzt der Fischreichtum des Kaspischen Meeres mit seinen großen Beständen an Stör, dessen Rogen als Kaviar zum Symbol der russischen Küche werden sollte – all das hob die Vielfalt der russischen Küche enorm; so werden reichhaltig gefüllte Piroggen in dieser Zeit erstmals erwähnt. Die weitere Süd-Expansion Russlands in die fruchtbaren Gebiete der Ukraine und Südrusslands im 16–18. Jahrhundert brachte ganz neue Möglichkeiten des Weizenanbaus mit sich; auch hier etablierte sich Russland schnell als Exportmacht von erstaunlichen Ausmaßen.

THE FRENCH CONNECTION – RUSSLANDS KÜCHE IM 18. JAHRHUNDERT

Die neue Wirtschaftsmacht Russlands bereicherte vor allem den Adelsstand und das Großbürgertum, dessen Essgewohnheiten im 18. Jahrhundert zu einem grundlegenden Wandel der russischen Küche führten. Im Zuge der weitreichenden Handelsbeziehungen nach Westeuropa, Asien und Amerika öffnete sich auch der kulinarische Geschmack der begüterten Schichten. Ein Russe von Welt hielt sich in jener Zeit einen Chefkoch aus Frankreich, der die eher bodenständige einheimische Küche gehörig veredelte. Die Stunde der „Grasesser“ hatte geschlagen: Salate, Spargel und Tomaten bereicherten die fürstlichen Tafeln. Außerdem hielten Kaffee, Tee und Zucker, Wein und Schnäpse Einzug in die gehobenen Häuser.

Das bekannteste Beispiel für den Einfluss der französischen auf die russische Küche ist sicherlich die Geschichte des Bœuf Stroganow. Alexander Graf Stroganow (1795–1891) entstammte einer Familie, die ihren Reichtum dem Handel mit sibirischen Pelzen verdankte. Als Bürgermeister von Odessa unterhielt er ein äußerst gastfreundliches Haus, in dem jeder, der einigermaßen ordentlich gekleidet war, kostenlos bewirtet wurde. Sein französischer Koch erfand zu diesem Zweck ein Gericht, das schnell vorbereitet und serviert werden konnte (siehe S. 76).

An den Tafeln der Bauern hingegen herrschte gerade im 18. Jahrhundert häufig großer Hunger. Wie in anderen Ländern Westeuropas auch, versuchte die Zarin Katharina die Große eine schnell wachsende, kohlehydratreiche und leicht zu kultivierende Pflanze aus der neuen Welt gegen die heimischen Hungersnöte einzusetzen: die Kartoffel. Ihren Namen verdankt das südamerikanische Nachtschattengewächs dem italienischen Wort für Trüffel, tartufolo, was in Deutschland zu Kartoffel wurde. Nach einem „Kartoffel-Edikt“ der russischen Zarin aus dem Jahr 1765 waren es vor allem deutsche Großgrundbesitzer im Baltikum, die der Anweisung Katharinas Folge leisteten und den Kartoffelanbau forcierten. Wie im Fall des etwa gleichzeitig aus Amerika importierten Maisanbaus auch, blieb die Kartoffel allerdings für lange Zeit ein Exot auf dem russischen Speiseplan, erst um 1900 hatte sie sich in ganz Russland durchgesetzt. Das deutsche Wort Kartoffel allerdings wurde einfach ins Russische übernommen.

WODKA FÜRS VOLK – RUSSLANDS KÜCHE IM 19. JAHRHUNDERT

Das 19. Jahrhundert brachte endlich eine Erweiterung auch der bäuerlichen und kleinbürgerlichen Ess- und Trinkgewohnheiten. Was nur wenige Jahrzehnte zuvor noch den Reichen und Adeligen vorbehalten war, verbreitete sich jetzt auch in den unteren Bevölkerungsschichten. Besonders Tee mit Zucker, zubereitet in dampfenden Samowars (siehe S. 17), wurde zum unverrückbaren Bestandteil der russischen Volkküche. Ebenso fand der Wodka seinen Weg in die russische Volksseele. Tomaten, Zuckerrüben und Kartoffeln erfreuten sich wachsender Beliebtheit auf den riesigen Anbauflächen der Ukraine und

St. Petersburg/Newastrand an der Peter und Paul Festung

Südrusslands. Das beliebte Roggenbrot bekam langsam Konkurrenz durch Weizenbrot, galt es doch, den wachsenden Hunger der neuen Arbeiterschicht zu stillen. Zwischen drei und fünf Pfund Brot verzehrte ein Arbeiter durchschnittlich pro Tag, sehr viel mehr konnte er sich vom kärglichen Lohn nicht leisten. Zur allgemeinen Armut der unteren Bevölkerungsschichten gab es immer wieder Wellen verheerender Hungersnöte, die Russland im Vergleich zu westeuropäischen Nationen noch besonders lange heimsuchten, im Durchschnitt jedes 5. Jahr. In den Jahren 1891/92 fielen schätzungsweise 400000 Menschen einer Hungerepidemie zum Opfer, in den frühen Revolutionsjahren 1921/22 sogar zwei Millionen. Die letzte große Hungerkatastrophe erschütterte Russland nach dem Zweiten Weltkrieg, 1946/47. Doch auch außerhalb der Hungerperioden blieb die Ernährung gerade der Landbevölkerung weitestgehend unzureichend. Ein Landarzt führt den schlechten Gesundheitszustand seiner Klientel im Jahr 1860 auf eine einseitige Mangelernährung zurück, die im Wesentlichen aus Roggenbrot und Kohlgerichten bestand. Im gesamteuropäischen Vergleich allerdings schnitten die russischen Bauern um einiges besser ab als ihre französischen oder belgischen Kollegen – sie hatten deutlich mehr Fleisch auf dem Teller, obwohl selbst die großen Rinderzuchtregionen der Ukraine und Südrusslands vornehmlich für den großstädtischen Markt und nicht zum Eigenverbrauch produzierten. Der Bauer genehmigte sich an Festtagen eher mal ein Stück Schwein oder Geflügel, an Fastentagen gerne auch Fisch.

Der bedeutend wohlhabendere Landbesitzer hingegen orientierte sich eher an den Essgewohnheiten des Adels oder des städtischen Bürgertums. Bei ihm kamen schon nachmittags Tee mit Pasteten, Gebäck, Käse, Kaviar und Konfitüren auf den Tisch, gefolgt von einem nicht minder üppigen Abendessen. In den Häusern des reichen Landadels entwickelte sich auch jene Form der kulinarischen Gastfreundschaft, die bis heute das Bild der russischen Küche prägt. Die abendlichen Diners wurden mit dem reichhaltigen Vorspeisengang, der Sakuska, eröffnet, gefolgt von Suppen, Piroggen, Fleisch- oder Fischgängen mit Kartoffeln und Gemüse. Wein oder Champagner waren perfekte Begleiter, Süßspeisen, Cognac oder Dessertweine ein gelungener Abschluss der ausladenden Festlichkeiten.

Die Trinkgewohnheiten der Russen änderten sich im 19. Jahrhundert geradezu dramatisch. Bis in diese Zeit waren Kwass, ein fermentierter Brottrunk mit nur geringem Alkoholgehalt, und Met die bevorzugten Getränke weiter Bevölkerungskreise. Doch dann kam der Wodka! Die ersten Wodka-Destillatbrennereien sind im ausgehenden 16. Jahrhundert im Baltikum nachgewiesen, ohne dass sich ihr Produkt zunächst großer Beliebtheit erfreut hätte. Die Kornbrennerei war ein Staatsmonopol und mit hohen Steuern bewehrt. Im Jahr 1720 betrug der Anteil der entsprechenden Steuereinnahmen 11 % an den gesamten Staatseinnahmen, später wurde das Monopol zwar der Privatwirtschaft geöffnet, die entsprechenden Steuereinnahmen stiegen jedoch gewaltig: im Zeitraum von 1805 bis 1913 allein auf fast ein Drittel der Staatseinnahmen. Privatwirtschaftlich betriebene Wodka-Kneipen schossen noch im kleinsten Dorf aus dem Boden, und alle warnenden Stimmen aus Kirche, Medizin und Staat konnten den Siegeszug des „kleinen Wassers“ nicht aufhalten. In Russland wurde zu dieser Zeit 40 % mehr an Hochprozentigem getrunken als leichtere alkoholische Getränke wie Bier, Kwass, Met oder Wein. Zum Vergleich: An Bier konsumierte der Russe damals nur etwa zwei Liter pro Jahr, der Pole immerhin 20 Liter und der Brite 50 Liter. Der Genuss von Wodka war also sicherlich nicht wesentlich höher als der Schnapsverbrauch in Deutschland oder der Cognacverbrauch in Frankreich. Trotzdem sah sich Russland an der Schwelle zum Ersten Weltkrieg gezwungen, sich einer der lukrativsten Einnahmequellen zu entledigen – allerdings hatte die Prohibition von 1914 keinen großen Erfolg. In den achtziger Jahren des 20. Jahrhunderts versuchten sich die Präsidenten Juri Andropow und Michail Gorbatschow noch einmal an einer Rationierung des Wodkaverkaufs, allerdings auch diesmal vergeblich, die Popularität des Nationalgetränks stieg seitdem stetig an. Ein Russe über 15 Jahre gab 1970 durchschnittlich 13 % seines Einkommens für staatlich produzierte alkoholische Getränke aus, und an dieser Zahl wird sich bis heute nur wenig geändert haben.

HUNGER UND MCDONALD'S – RUSSLANDS KÜCHE IM 20. JAHRHUNDERT

Die Sowjetunion erbte weitestgehend die Ernährungsprobleme des zaristischen Russland. Der stark industrialisierte Norden und der agrarisch geprägte Süden konnten gerade in den Wirren der Revolutionsjahre ihre Produkte nur schwer austauschen. Russland war aber auch in den Folgejahren – und das im Gegensatz zu früheren Zeiten – auf den Import von Weizen aus dem Westen angewiesen. Die Ernährungssituation insgesamt verschlechterte sich im Vergleich zur Spätphase des Zarenreiches. Einzig bei Gemüse, Früchten, Eiern, Milch und Milchprodukten lag der Pro-Kopf-Verbrauch eines Landarbeiters im Kriegsjahr 1940 durchschnittlich leicht über den Werten der Jahre 1896–1915. Bei Fleisch, Fisch und Zucker lag der Verbrauch weit unter dem Konsum im späten Zarenreich. Erst im Jahr 1960 übertraf die Ernährungssituation der Sowjetunion diejenige des zaristischen Russland.

Das neue Russland hat der Privatwirtschaft seine Türen geöffnet. Kulinarisch bedeutet dies eine Erweiterung des Küchen-Horizontes vergleichbar der Entwicklung des 18. Jahrhunderts, nur tragen die köstlichen Fremdeinflüsse diesmal nicht französische oder deutsche, sondern bevorzugt amerikanische Namen wie McDonald's oder Pizza-Hut. Die Ernährungsgewohnheiten haben sich in den 90er-Jahren des 20. Jahrhunderts natürlich verändert, blieben aber generell im Rahmen der historischen Entwicklungslinien: Die kulinarischen Importe kommen hauptsächlich den begüterten Kreisen zugute, und die traditionelle Küche Russlands erfährt zum Glück eine Renaissance im Zeichen des weltweiten Trends zur verfeinerten Regionalküche.

TEE – EIN GETRÄNK MIT TRADITION

Eine andere große Tradition ist die Teekultur. Sicherlich ist Tee in Russland das populärste Getränk. Bekannt ist Tee allerdings erst seit dem 17. Jahrhundert. Ein russischer Botschafter, der am Hof des Mongolen-Khans lebte, sollte auf dessen Geheiß seinem heimatlichen Herrscher, dem Zaren Michael Feodorowitsch (1613–1645), Tee als Geschenk überbringen. Der Botschafter war äußerst skeptisch. Seinem Zaren getrocknetes Mongolengras zu bringen konnte ihm den zaristischen Zorn zuziehen. Und er hatte Recht, der Zar war keineswegs angetan von der Gabe – sie wollte ihm nicht schmecken. Aber als der Zar bemerkte, welch belebende Wirkung der Tee auf ihn ausübte, genoss er täglich eine große

St. Petersburg/Kathedrale Peter und Paul

Menge davon. Kurz darauf hielt auch chinesischer Tee Einzug in Russland und erfreute sich großer Beliebtheit. Allerdings war er so teuer, dass sich wieder einmal nur der Adel das Getränk leisten konnte. Erst im 18. Jahrhundert erreichte der Tee das gemeine Volk. Und der damals übliche Heißwasserbereiter, der Samowar, fand seine Verbreitung.

Diese ungewöhnlichen Wasserkocher wurden mit Holzkohle beheizt. Man legte großen Wert auf Verzierungen aus Kupfer und Messing. Es gab sie in vielerlei Ausführungen und Formen, auch schon Samoware, die in einen heutigen Single-Haushalt passen würden. Mit einer Füllmenge von einer Tasse bis hin zur Familiengröße mit bis zu 3 Liter Wasser wurden sie hergestellt.

Der eigentliche Teesud wird als starker Extrakt in einem kleinen Kännchen aufgegossen und mit dem kochenden Wasser aus dem Samowar verdünnt. Das Kännchen mit dem Extrakt wird zum Warmhalten auf den Samowar gestellt.

Tee gibt es in Russland zu jeder Zeit. Serviert wird er in hohen Gläsern oder in großen Tassen, mit Zucker oder Sahne verfeinert. Eine Spezialität ist der Teegenuss mit Konfitüre. Dazu gibt man etwas Konfitüre in das Teeglas und gießt mit heißem Tee auf.

ALLES ÜBER WODKA – DAS WASSER DES LEBENS

Wodka und Gläser sollten eiskalt sein. Nur so verströmt er sein ganzes Aroma. Kredenzt in einfachen Flaschen oder in Kristallkaraffen ist er das passende Getränk von der Vorspeise an.

Wodka trinken ist in Russland und seinen angrenzenden Nachbarländern eine bierernste Angelegenheit.

Ein Russe trinkt nicht, um Kummer oder Traurigkeit zu vergessen, sondern um seiner Seele das Gefühl von etwas Besonderem, Wunderbarem und Sinnlichem zu geben. Wodka nennt man auch die weiße Magie.

Man sagt, Wodka kann hilfreich sein und Dinge weniger schwierig erscheinen lassen, er kann aber auch das Leben zur Hölle machen, wenn man nicht stark genug ist, ihm zu begegnen.

Denn der Teufel steckt nicht im Wodka, sondern im Menschen. Aber das Wissen um die Macht, die Wodka auf Menschen ausüben kann, hat noch keinen Russen daran gehindert, sich hin und wieder einen kräftigen Rausch anzutrinken.

Schon in der russischen Geschichte gibt es große trinkfeste Vorbilder wie zum Beispiel Peter den Großen. Seine Gelage waren maßlos und für viele Gäste tödlich. Um dem Zaren zu imponieren, wurden unglaubliche Mengen Alkohol konsumiert, denn nur wer viel vertragen konnte, galt als echter Mann.

Wodka wurde im 14. Jahrhundert als Medizin verabreicht und damals noch aus Traubenmaische wie Trester gebrannt. Später war der Grundstoff Roggen und nach Einführung der Kartoffel durch Peter den Großen, wurde auch sie zur Herstellung von Wodka benutzt.

Um Wodka im Geschmack neutral zu halten, wird er nach dem Brennen gleich auf Flaschen oder Steinkrüge gezogen. Denn eine Lagerung im Holzfass würde ihm eine Geschmacksnote verleihen, und das soll verhindert werden. Der Destillationsprozeß ist entscheidend für den Geschmack. Wodka wird mehrfach destilliert und zum Schluss über Holzkohle gefiltert, um ihn weich, klar und von geschmacklicher Neutralität zu halten. Der beste Wodka wird heute aus Weizen hergestellt.

Es gibt auch Wodkasorten, die nachträglich aromatisiert werden: mit Ingwer, Zitronenschale, Cayennepfeffer oder Grashalmen der Steppe.

WEIN UND SEKT AUS RUSSLAND

Auf der Halbinsel Krim, die zur Ukraine gehört, wird seit über 200 Jahren der berühmte rote Krimsekt erzeugt. Die für den Export so wichtigen Schaumweine gibt es mittlerweile, weil der Zeitgeist es so will, auch als trockenen weißen Sekt. Aber der absolute Spitzensekt ist der milde, samtige rote Sekt. Er wird aus der Rebsorte Cabernet Sauvignon hergestellt sowie aus den Sorten Matrassa, Sabernet und Saperawi, die allerdings nur im Schwarzmeergebiet wachsen. Aus diesen Trauben wird ein Basiswein gekeltert und daraus eine Cuvée, ein Verschnitt, gewonnen, die wie ihre feine französische Verwandtschaft unter Zusatz von Hefe ein zweites Mal in der Flasche gärt und bis zur endgültigen Reife mindestens drei Jahre auf der Hefe in der Flasche ausreift. Dabei entwickelt sich ein besonders feinperliger und im Geschmack unverwechselbarer Sekt. Auf der Krim befindet sich auch das Weininstitut und Staatsweingut der ehemals Kaiserlich Russischen Kellerei Massandra. Leider schrumpfte der russische Weinanbau auf unter 150000 Hektar. Er beschränkt sich heute auf die Regionen am Unterlauf des Don, im Kaukasus und am Kaspischen Meer. Dort werden unter den schwierigsten klimatischen Bedingungen hervorragende Weine aus der ursprünglich kaukasischen Vinifera-Rebe gekeltert. Leider werden diese feinen Tropfen nie den Weg in die großen westlichen Weinhandlungen finden.

Es liegt an der hingebungsvollen Pflege der Weinbauern, dass die Reben die strengen Winter, mit Temperaturen weit unter - 20 °C überleben. Jeder Weinstock wird zu Winterbeginn mit Erde und Reisig abgedeckt, um ein Erfrieren zu vermeiden. Trotz aller Bemühungen der Winzer hat der russische Wein kaum eine Chance, den internationalen Weinmarkt für sich zu gewinnen. Dazu fehlen der finanzielle Hintergrund und das geschickte Marketing.

Liebevoll gedeckte russische Festtafel

Basilius-Kathedrale

ОЛУСЛАДКОЕ
SPUMANT NATURAL ALB
FABRICAT IN MOLDOVA

Finnland
Barents-
see
Karasee
Sankt Petersburg
Moskau
Nowgorod
Kasan
Uralgebirge
Jekaterinburg
Tscheljabinsk
Taiga
Rus
Tomsk
Nowosibirsk
Aralsee
Kasachstan
Usbekistan
Iran
Mon

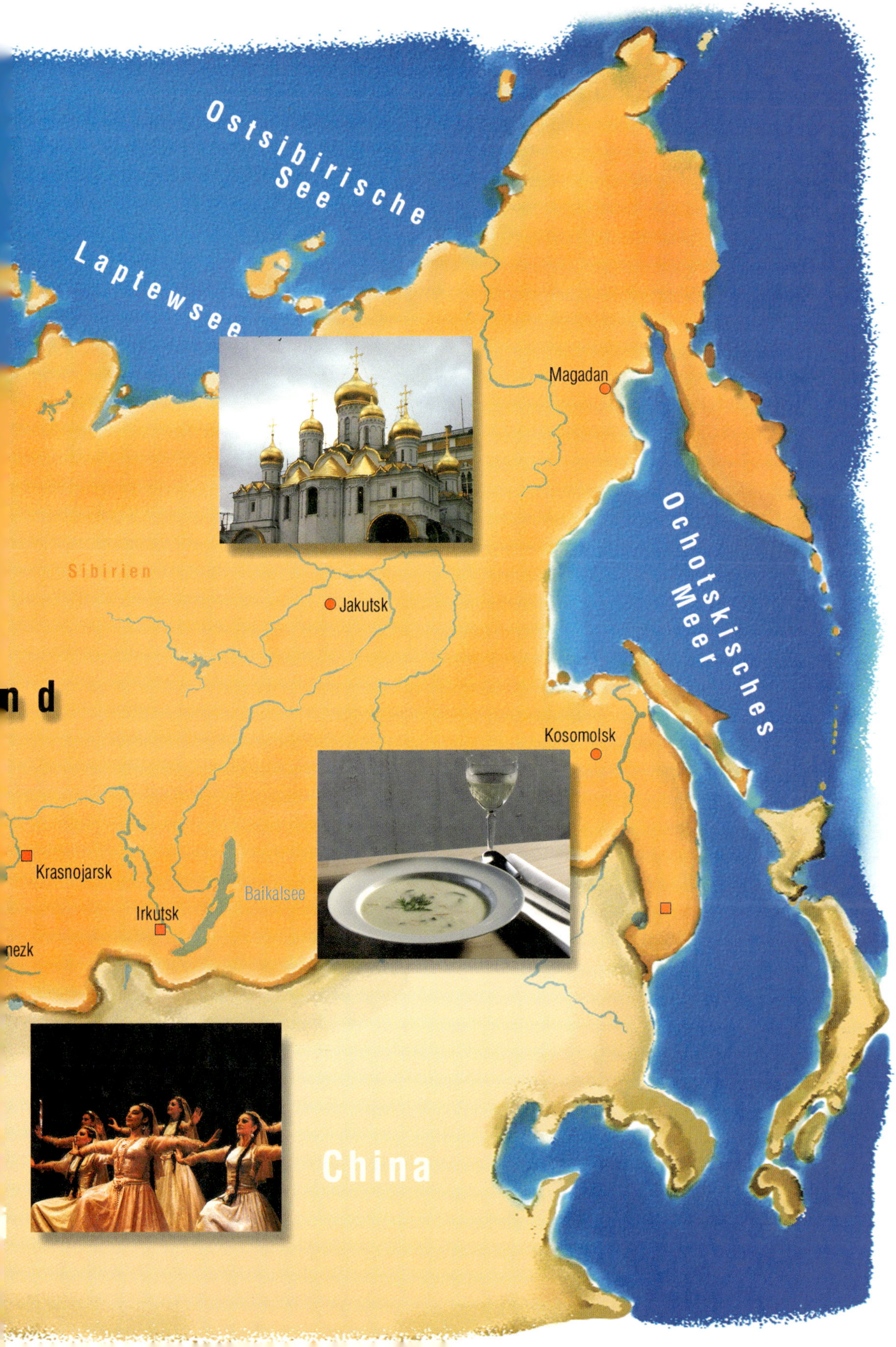

Ostsibirische See
Laptewsee
Magadan
Ochotskisches Meer
Sibirien
Jakutsk
n d
Kosomolsk
Krasnojarsk
Baikalsee
Irkutsk
nezk
China

Vorspeisen

Vorspeisen – sakuski

Die legendäre russische Vorspeisenküche blickt auf eine lange Tradition zurück. Ein „Bauernfrühstück" waren die leckeren kleinen Happen ursprünglich, denn mit leerem Magen konnte die schweißtreibende Landarbeit nur schwer verrichtet werden. Der einfache Bauer konnte sich zwar eine ganze Reihe der hier vorgestellten Leckereien nicht leisten, viele der nachfolgenden Gerichte entstammen aber der ländlichen Tradition, aus der sich eine Vorspeisenpalette ohnegleichen entwickelte. Ob Getreide, Obst, Pilze, Fleisch, Geflügel oder Wild, ob gebraten, gekocht oder gedünstet – alles, was Wald, Feld, Fluss und Meer hergaben, wurde zu herrlichen Köstlichkeiten verarbeitet.

Sakuski können kalt oder warm serviert werden. Vergessen Sie allerdings nie, wie gehaltvoll all diese Kleinigkeiten sind. Nehmen Sie von allem – aber nie zuviel! Die Sakuski sollen Ihren Appetit anregen und Ihre Geschmackssinne stimulieren, aber essen Sie sich nicht satt, denn es erwarten Sie ja noch wunderbare weitere Leckereien.

Man reicht dazu entweder ein feines Weißbrot oder ein kräftiges Schwarzbrot, zum Kaviar natürlich frische selbstgebackene Blinys.

Und bitte nie den eisgekühlten Wodka vergessen!

blini s ikroi

BLINY MIT KAVIAR

FÜR 6 PERSONEN

250 g Mehl
20 g Hefe
250 g Buchweizenmehl
1 Tl Zucker
Salz
3 Eier
250 ml Milch
500 ml lauwarmes Wasser
100 g geschmolzene Butter
500 g Crème double
40 g Kaviar
Fett (am besten Rapsöl) zum Ausbacken

Das Mehl in eine Schüssel geben, in die Mitte eine Vertiefung drücken und die Hefe hineinbröseln. Wasser dazugeben und mit einer Gabel etwas Mehl zu einem Vorteig rühren. Zugedeckt ca. 30 Minuten gehen lassen.

Jetzt den Vorteig mit dem Buchweizenmehl, dem Zucker, 2 Eiern und Salz zu einem glatten Teig verarbeiten. Wieder etwa 30 Minuten gehen lassen.

Die Milch erwärmen, zum Teig gießen und unterarbeiten.

Das letzte Ei trennen, das Eigelb zum Teig geben und unterrühren. Das Eiweiß steif schlagen und vorsichtig unter den Teig heben, der Teig sollte dickflüssig sein.

Den Teig noch 15 Minuten ruhen lassen, damit sich Klebstoffe entwickeln können.

Fett in einer kleinen Pfanne erhitzen, etwas Teig mit einer Schöpfkelle hineingießen und bei schwacher Hitze auf beiden Seiten goldgelb ausbacken. Ein wenig zerlassene Butter während des Backens auf die Bliny tröpfeln, so bekommen sie einen wunderbar nussigen Geschmack.

Die fertigen Bliny auf einen Teller geben und mit einem Klecks Crème double und Kaviar servieren.

Ausbacken der Bliny

Bliny mit Kaviar

salewnoi sudak

ZANDER IN ASPIK AUF UKRAINISCHE ART

FÜR 4 PERSONEN

2 kg Zander (vom Fischhändler filetieren lassen, Reste samt Gräten und Haut aber mitnehmen – die werden noch für den Fischfond benötigt)
1 Möhre
1 Petersilienwurzel
200 g Sellerie
1 Zwiebel
200 g Meerrettich
200 g Frühlingszwiebeln
1 Lorbeerblatt
10 Pfefferkörner
12 Blatt Gelatine
Salz
1000 ml Wasser

Die Zanderfilets waschen und auf den Dämpfeinsatz des Fischkochtopfs legen. Den Topf mit kaltem Wasser, geputzem Gemüse und den Gewürzen füllen, den Dämpfeinsatz einsetzen, Deckel auflegen und den Fisch ca. 30 Minuten dünsten.

Aus dem Topf nehmen und auf einem Teller abkühlen lassen. Nun im Fond die Fischabfälle weitere 20 Minuten sieden lassen.

Achtung! Bitte nicht länger, sonst wird der Fond trüb!

Die fertige Brühe durch ein Sieb gießen und die eingeweichte und ausgedrückte Gelatine darunter ziehen. Geriebenen Meerrettich und die fein geschnittenen Frühlingszwiebeln hinzufügen.

Eine Form mit 5 cm hohem Rand mit Klarsichtfolie auskleiden. Jetzt die Fischstücke in die Form geben, mit dem Fond begießen und im Kühlschrank gelieren lassen, am besten über Nacht.

Zum Servieren den Zander mit der Folie aus der Form heben, aus der Folie wickeln, mit einem sehr scharfen Messer in 2 cm dicke Scheiben schneiden und auf einer Platte anrichten.

Dazu schmeckt vorzüglich Dillrahmsauce (siehe Seite 48).

seljodka po Kiewski

HERING KIEWER ART

FÜR 4 PERSONEN

2–3 Heringsfilets
100 g Butter
100 g fein geriebener Bergkäse
200 g Weißbrot
250 ml Milch
2 El mittelscharfer Senf
schwarzer Pfeffer aus der Mühle
1 Bund gehackte Petersilie

Die Heringfilets mit dem in Milch aufgeweichten und wieder ausgedrückten Weißbrot durch den Fleischwolf drehen. Die Hackmasse mit sahnig gerührter Butter durch ein Sieb streichen. Mit geriebenem Käse, Senf, Petersilie und Pfeffer mischen und für 2-3 Stunden kalt stellen.

Diese Heringsmischung schmeckt vorzüglich auf grobem Schwarzbrot.

salat is treskoi

DORSCHSALAT

FÜR 4 PERSONEN

800 g gekochter Dorsch
6–8 gekochte Kartoffeln
je 1 Gewürz- und Salzgurke
4 hart gekochte Eier
2 El Sonnenblumenöl
1 El Weinessig
250 g Mayonnaise
Salz
½ Tl Zucker
schwarzer Pfeffer aus der Mühle
1000 ml Wasser
250 ml Weißwein
1 Bund Suppengrün
10 Pfefferkörner
1 Lorbeerblatt

Den Dorsch putzen, aus Wasser, Wein, Suppengrün, Lorbeerblatt und Pfefferkörnern einen Sud fertigen.

Den Dorsch auf einen Dämpfeinsatz legen, in den Sud setzen und ca. 20 Minuten dünsten. Aus dem Topf nehmen und abkühlen lassen. Haut und Gräten entfernen. Fischfleisch in Stücke schneiden.

Aus Essig, Öl, Zucker, gemahlenem Pfeffer und Salz eine Marinade bereiten und den in Stücke geschnittenen Dorsch dazugeben. Für eine Stunde in den Kühlschrank stellen.

Die gekochten Kartoffeln, Gurken und hartgekochten Eier in dünne Scheiben schneiden (einen kleinen Teil davon zum Garnieren zurückbehalten), mit zwei Dritteln der Mayonnaise mischen und auf einer Servierplatte anrichten.

Den Fisch aus der Marinade herausnehmen und um den Salat verteilen. Die restliche Mayonnaise dazu reichen.

Maler in St. Petersburg am Gribojedowa-Kanal

salat s gowjadinoiy

RINDFLEISCHSALAT

FÜR 4 PERSONEN

300 g gekochtes Rindfleisch
2 hart gekochte Eier
2 Salzgurken
1 fein gewiegte Zwiebel
4 El Rinderbouillon
200 g Joghurt (3,5 %)
5 El Crème fraîche
1 El Tomatenketchup
Pfeffer aus der Mühle
Salz
fein gewiegte Petersilie

Das Rindfleisch, die Eier und die Salzgurken in kleine Würfel schneiden. Mit der Petersilie und den Zwiebeln in einer Schüssel vermischen.
Rinderbrühe, Joghurt, Crème fraîche und den Ketchup verrühren. Mit Salz und Pfeffer abschmecken, alles über die Salatzutaten geben und gut unterheben. Der Salat sollte 2–3 Stunden im Kühlschrank ziehen.
Vor dem Servieren noch einmal umrühren.

jaiza champions

EIER MIT CHAMPIGNONS

FÜR 4 PERSONEN

4 Eier
300 g Champignons
1 kleine fein gewiegte Zwiebel
50 g Butter
Salz
schwarzer Pfeffer aus der Mühle
2–3 El Mayonnaise oder Salatcreme aus dem Glas
2 El fein gehackter Dill
ein paar Salatblätter
Rosenpaprika

Die Eier hart kochen, abschrecken, schälen und abkühlen lassen.
Die Eier mit einem feuchten Messer der Länge nach teilen und die Eigelbe herausnehmen. An der gerundeten Seite ein Standfüßchen schneiden.

Die geputzten und kleingeschnittenen Champignons mit der Zwiebel in Butter braten, bis keine Feuchtigkeit mehr in der Pfanne übrig ist. Mit Salz und Pfeffer würzen und abkühlen lassen. Dill und Salatcreme unterrühren, die Masse in die Eihälften füllen.
Auf einem Teller gewaschene und gut getrocknete Salatblätter ausbreiten, die Eihälften darauf hübsch anrichten und mit Rosenpaprika bestäuben.

burjatschniy salat so smetanoi i selenju

ROTE-BETE-SALAT MIT KRÄUTERRAHM

FÜR 4 PERSONEN

2 Rote Bete
200 g Crème fraîche
4 El süße Sahne
1 Bund fein gehackter Dill
1 Bund fein gehackte Petersilie
Salz und Pfeffer aus der Mühle
einige Spritzer Maggi

Die Rote Bete unter fließendem Wasser waschen.
Achtung! Nichts abschneiden!! Sonst blutet sie beim Kochen aus.
Mit kaltem Wasser aufsetzen und 50 Minuten kochen lassen.
Nach dem Kochen mit kaltem Wasser abschrecken.
Jetzt sollten Sie Gummihandschuhe anziehen, denn Rote Bete färbt.
Noch heiß unter Zuhilfenahme einer Gabel schälen, halbieren und in Scheiben schneiden. Auf einem großen Teller dachziegelartig anrichten.
Jetzt die Crème fraîche mit der Sahne, den Kräutern und den Gewürzen vermischen. Nach Belieben kann man auch mit ein paar Spritzern Maggi nachwürzen. Über die noch lauwarme Rote Bete geben. Mit einigen Dill- oder Petersilienzweigen garnieren.

Nikolaikirche in Jarkutsk

kurinniy studien

GEFLÜGELSÜLZE

FÜR 4 PERSONEN

1 Hähnchen (800 bis 1000 g)
1 Stange Lauch
1 Möhre
200 g Sellerie
10 Pfefferkörner
Salz nach Geschmack
2–3 Lorbeerblätter
6 Knoblauchzehen
12 Blatt Gelatine

Das Hähnchen innen und außen gut waschen. Das Gemüse putzen und in grobe Stücke schneiden. Alles mit den Gewürzen und 3 Knoblauchzehen in einen hohen Topf geben und mit kaltem Wasser aufgießen; es sollte alles mit Wasser bedeckt sein. Deckel auflegen und einmal aufkochen lassen. Auf kleiner Flamme 60 Minuten köcheln lassen – nicht kochen, weil die Brühe sonst trüb wird.

Hähnchen aus der Brühe nehmen und erkalten lassen. Brühe durch ein feines Sieb geben und die Gemüsestücke in kleine Würfel schneiden. Das Hähnchen von Haut und Knochen befreien und ebenfalls in kleine Würfel schneiden.

Von der Brühe 1 l abnehmen und darin die Gelatine auflösen.

Das Hähnchenfleisch, die Gemüsewürfel und die restlichen 3 fein gehackten Knoblauchzehen auf kleine Förmchen verteilen. Mit der Hühnerbrühe, in der die der Gelatine gelöst ist, bis an den Rand auffüllen und mit einer Gabel einmal umrühren. Im Kühlschrank über Nacht fest werden lassen.

Zum Servieren die Förmchen in heißes Wasser tauchen, mit einem spitzen Messer den Rand der Sülze lösen und auf eine mit Salatblättern dekorierte Platte stürzen.

pitschonaja pasta

LEBERPASTETE

FÜR 4 PERSONEN

500 g gemischte Leber (Schwein, Rind, Geflügel)
2 El geschmolzene Butter
etwas Butter zum Braten
1 El Öl
4 cl Weinbrand
je ½ Möhre, Petersilienwurzel und Zwiebel
je ½ Tl getrockneter Thymian, Estragon
Salz
Pfeffer aus der Mühle
2 Lorbeerblätter

Die Leber waschen, von Häutchen und Sehnen befreien und anschließend in Stücke schneiden.
In einem Bräter die Butter und das Öl erhitzen. Die Leberstücke und die geschälten und in Streifen geschnittene Möhre, Petersilienwurzel sowie Zwiebel anbraten. Mit dem Weinbrand löschen. Mit Salz, Pfeffer, Thymian, Estragon und Lorbeerblättern würzen. Alles gut mischen und zugedeckt 10 Minuten dünsten lassen. Die Masse ohne die Lorbeerblätter zweimal durch die feine Scheibe des Fleischwolfs drehen. Die zerlassene Butter unterheben. Alles noch einmal gut erhitzen und zum Abkühlen in eine hübsche Form geben.
Die Leberpastete schmeckt wunderbar zu frischem Brot.

kwaschennaja kapusta s gribami

SAUERKRAUTSALAT MIT PILZEN

FÜR 4 PERSONEN

500 g rohes Sauerkraut
200 g marinierte Champignons
1 Zwiebel
2 El Kürbiskernöl
2 El Zucker
1 Prise Zimt
1 Prise Nelke
2 El gehackte Petersilie

Marinade für die Champignons:
2 El Weinessig
2 El Kürbiskernöl
schwarzer Pfeffer aus der Mühle
einige in Salz zerstoßene Knoblauchzehen

Die Champignons werden geputzt und in feine Scheiben geschnitten. Aus den angegebenen Zutaten eine Marinade rühren und die Pilze darin über Nacht ziehen lassen.

Das Sauerkraut kurz waschen und gut ausdrücken; wem es zu grob ist, der kann es noch etwas feiner schneiden. Nun die fein gehobelten Zwiebeln und die Pilze mit der Marinade unter das Kraut mischen. Den Salat mit Zimt, Nelke, Zucker und etwas Kürbiskernöl abschmecken. Mindestens zwei Stunden ziehen lassen.
Mit frischer Petersilie bestreut auftragen.

kartoffelnoi salat s rediskoi

RADIESCHEN-KARTOFFEL-SALAT

FÜR 4 PERSONEN

2 Bund Radieschen
300 g Pellkartoffeln
150 g Frühlingszwiebeln
125 ml Sahne
1 Tl Zucker
1 El Weinessig
Salz
1 El gehackter Dill

Die am Vortag gekochten und geschälten Pellkartoffeln in Würfel schneiden. Die gewaschenen und in Scheiben geschnittenen Radieschen und die klein geschnittenen Frühlingszwiebeln mit Sahne, Salz, Zucker sowie Weinessig mischen und unter die Kartoffeln heben. Alles ein bis zwei Stunden ziehen lassen. Zum Servieren den Dill darüber streuen.

Winter in Jarkutien

Piroggen

Piroggen sind ein absolutes Muss bei allen Sakuski. Hier zwei Varianten.

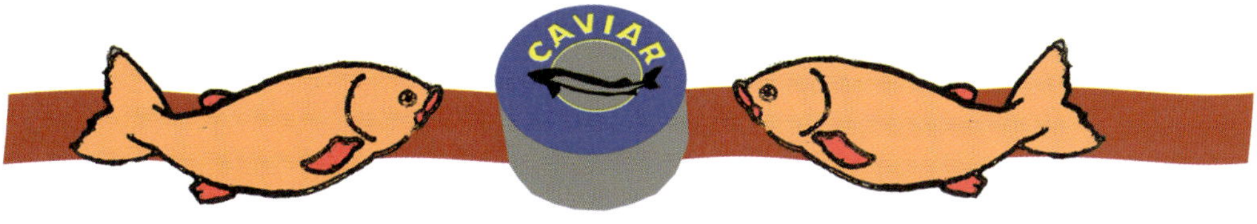

piroggi s gribami

PILZPIROGGE

Dies ist ein Partyrezept, also ca. 15-20 Portionen

40 g getrocknete Steinpilze
400 ml Pilzfond
(vom Einweichwasser der Steinpilze abnehmen)
100 g Reis
50 g Butter
400 g braune Champignons
100 g Shiitakepilze
50 g gewürfelter durchwachsener Speck
1 gewürfelte mittelgroße Zwiebel
5 gehackte Knoblauchzehen
schwarzer Pfeffer aus der Mühle
Salz
3 mittelgroße hart gekochte Eier
je 1 Bund fein gewiegter Dill und Petersilie

Für den Teig:
300 g Mehl
20 g frische Hefe
1 Tl Zucker
60 ml lauwarme Milch
80 g geschmolzene Butter
2 Eier
1 Prise Salz
Mehl für die Arbeitsfläche
1 El Sahne mit 1 Eigelb verrührt

Die Steinpilze in 500 ml heißem Wasser einweichen, erkalten lassen. Pilze gut ausdrücken. 200 ml Einweichwasser durch eine Filtertüte in einen Topf geben und aufkochen. Nun den Reis hinzufügen und bei milder Hitze ausquellen lassen (18–20 Minuten).
Den Reis mit der Hälfte Butter mischen und die Petersilie unterheben. Auskühlen lassen.

Champignons und Shiitake putzen, klein schneiden; mit der Zwiebel, dem Speck und dem Knoblauch in der restlichen Butter in einer Pfanne glasig dünsten. Die ausgedrückten Steinpilze ebenfalls klein schneiden und zur Masse in die Pfanne geben. Alles unter ständigem Wenden so lange braten, bis die austretende Flüssigkeit verdampft ist. Vom Pilzfond 100 ml angießen und ebenfalls verkochen lassen. Kräftig salzen und pfeffern und zum Abkühlen zur Seite stellen.

Den Reis und die fein gehackten harten Eier mit dem Dill unter die abgekühlte Pilzmasse ziehen.

Der Piroggenteig:
Das Mehl in eine Schüssel geben und eine Mulde hinein drücken. Hefe und Zucker in der lauwarmen Milch auflösen und in die Mulde gießen. Mit einer Gabel etwas Mehl vom Rand

darüber geben und daraus einen Vorteig machen. 15–20 Minuten an einem warmen Ort gehen lassen.
Die geschmolzene Butter mit den Eiern und dem Salz unter den Teig arbeiten. Der Teig sollte geschmeidig sein. Zu einer Kugel formen und mit einem Mehlfilm bestäubt an einem warmen Ort gut abgedeckt nochmals 30 Minuten gehen lassen. Danach den Teig noch einmal bearbeiten und wieder 30 Minuten ruhen lassen.
Den Teig auf einer bemehlten Arbeitsfläche so ausrollen, dass er auf ein Backblech passt.
Das Backblech mit Backpapier auslegen und den Teig mit Hilfe des Teigausrollers auf das Blech heben. Die Teigränder gerade schneiden, Reste können zum Garnieren verwendet werden. Die Ränder mit dem verquirltem Ei bestreichen. Die Füllung längs auf die Teigmitte verteilen und die Ränder zu einem Kamm zusammendrücken. Den Laib mit Eiersahne bestreichen. Aus den Teigresten kleine Zöpfe drehen, über die Pirogge legen und ebenfalls mit der restlichen Eiersahne bestreichen. Mit einem Holzstäbchen schöne Muster in die Pirogge stechen.
Im vorgeheizten Backofen bei 220 °C (Umluft 20 Minuten bei 180 °C, Gas 3–4) auf der mittleren Einschubleiste 30 Minuten backen lassen. Wenn die Pirogge zu braun wird, während des Backens mit Alufolie abdecken. Die fertige Pirogge auf einem Küchengitter auskühlen lassen.
Zum Servieren in Scheiben schneiden.

piroggi s mjasnoiy natschinkoiy

PIROGGE MIT FLEISCHFÜLLUNG

FÜR 6–8 PERSONEN

20 g getrocknete Steinpilze
2 Brötchen vom Vortag
2 gewürfelte Zwiebeln
60 g Butter
4 Knoblauchzehen, mit der Knoblauchpresse in ein wenig Öl gedrückt
1 Bund glatte Petersilie fein gewiegt
600 g gemischtes Hackfleisch
2 saure Gurken
1 Ei
Salz
Zucker
schwarzer Pfeffer aus der Mühle
Cayennepfeffer
Rosenpaprika
gemahlener Piment

Für den Teig:
750 g Mehl
1 Würfel Hefe (42 g)
1 Prise Zucker
125 ml lauwarme Milch
125 ml lauwarmes Wasser (davon nur soviel nehmen, bis der Teig elastisch genug ist)
1 Tl Salz
2 Eier
100 g Butter
Butter für die Form
1 Ei mit 1 El Sahne zum Bestreichen

Diesmal wird die Pirogge in einer Springform gebacken und wie ein Kuchen aufgeschnitten.

Aus den oben angegebenen Zutaten wie im vorherigen Rezept einen Hefeteig zubereiten. Wegen der größeren Menge diesen Teig allerdings eine Stunde an einem warmen Ort gehen lassen. In dieser Zeit wird die Füllung vorbereitet.

Die Steinpilze mit kochendem Wasser übergießen und erkalten lassen, anschließend ausdrücken und fein hacken. Das Pilzwasser aufheben. Die Brötchen in heißem Wasser einweichen, ausdrücken und zur Seite stellen.

Die Zwiebeln in Butter andünsten, die feingehackten Pilze hinzufügen und mitdünsten. Das Pilzwasser löffelweise angießen und verkochen lassen, bis die Zwiebeln weich sind. Die Masse zur Seite stellen und abkühlen lassen.

Wenn sie vollständig erkaltet ist, Petersilie, Hackfleisch, Ei, das ausgedrückte und zerzupfte Brötchen, Gurken und Knoblauch untermischen, die Gewürze zufügen. Aber nicht zu zimperlich – nur mit genügend Salz und Gewürzen lässt sich ein unnachahmliches Aroma erzielen.

Den Teig jetzt noch einmal durchkneten und kreisrund auf Klarsichtfolie ausrollen. Er sollte gut 1 cm dick sein. Die Hackfleischmasse in die Mitte des Teiges setzen, die Seiten darüber zusammenschlagen und gut verschließen. Mit der Folie anheben und mit der Nahtseite in die gebutterte Springform stürzen. Mit der Eiersahne bepinseln und mit der Gabel ein Muster in die Oberfläche ziehen. Mit dem Holzstäbchen wieder kleine Luftlöcher in den Teig stechen.

Die Pirogge mit einem sauberen Küchenhandtuch bedecken und an einem warmen Ort weitere 30 Minuten gehen lassen.

Den Backofen auf 200 °C vorheizen (Gas 3–4, Umluft 180 °C, 50 Minuten) und etwa eine Stunde backen.

Die Kruste sollte goldbraun sein.

Zwiebeln klein schneiden

Steinpilze klein schneiden

Gurken klein schneiden

Teig ausrollen

Masse in ausgerollten Teig einschlagen

Pirogge nach dem Backen

cholodnie sousi

DILLRAHMSOSSE

Ohne Dillrahmsoße würden viele Vorspeisen nicht „rund" schmecken. Hier ein Rezept, das einfach, aber von unvergleichlichem Geschmack ist.

2 Bund fein gewiegter frischer Dill
400 ml saure Sahne
weißer Pfeffer aus der Mühle
½ Tl Salz
2–3 Spritzer Maggi

Alle Zutaten gut vermischen, in eine Glasschale füllen und mit Klarsichtfolie abgedeckt für 2 Stunden in den Kühlschrank stellen.
Schmeckt zu Fisch, Roter Bete, Hühnergelee und vielem mehr.

Süßwarenverkäuferin auf einem typisch russischen Markt

Suppen

Suppen – sup

In der russischen Küche werden vor allem die gebundenen Suppen heiß geliebt.
Am bekanntesten ist natürlich der Borschtsch, ein Eintopf, der es in sich hat.
Das Wort Borschtsch stammt vom altslawischen Wort „bärstsch" ab, was schlicht und einfach Rote Bete bedeutet. Es gibt unglaublich viele Variationen, und wir haben für Sie die schmackhaftesten ausgesucht. Aber auch die anderen Suppenköstlichkeiten in diesem Kapitel sollten von Ihnen nachgekocht werden, sie sind es allemal wert. Cremesuppen (Kuleschiki) werden überwiegend aus Pilzen, Gemüse, Kartoffeln oder Erbsen in Verbindung mit Sahne hergestellt. Suppen aus Fleisch, Knochen, Fisch oder Pilzbrühen werden als „Juschki" bezeichnet.
Ein kleiner Tipp: Lassen Sie die Zutaten für eine Bouillon nie zu lange kochen, sie werden sonst trüb und unansehnlich.
Die klare Bouillon für die Pelmeni ist auch für alle anderen Suppen eine gute Basis.

borschtsch

KOHLSUPPE

FÜR 4 PERSONEN

400 g Rinderbeinscheiben
400 g Weißkohl
500 g Kartoffeln
400 g Rote Bete
4 geschälte frische Tomaten
125 ml Sahne
1 Möhre
1 Petersilienwurzel
1 große Zwiebel
1 El Tomatenmark
50 g Butter
1 El Weinessig oder Balsamico
1 Tl Speisestärke
1 Tl brauner Zucker
2 Knoblauchzehen
5 Pfefferkörner
5 Pimentkörner
2 Lorbeerblätter
1 Tl Salz
je 1 El fein gewiegter Dill und Petersilie

Die Beinscheiben mit kaltem Wasser aufsetzen und zum Kochen bringen. Jetzt die Hitze reduzieren und 1 Stunde weiter köcheln lassen. Die Brühe durch ein Sieb gießen, das Fleisch vom Knochen trennen und in kleine Würfel schneiden. Rote Bete waschen, schälen und in dünne Streifen schneiden, salzen und mit Balsamico beträufeln. Alles gut vermischen, mit etwas Butter, Tomatenmark und Zucker halbgar dünsten. Zwiebel, Möhre und Petersilienwurzel putzen, in feine Streifen schneiden und ebenfalls dünsten. Die geschälten Kartoffeln in Stücke schneiden und in der Rinderbrühe zum Kochen bringen. Den kleingeschnittenen Weißkohl zugeben und 10–15 Minuten mitkochen. Jetzt das geschmorte und gedünstete Wurzelwerk und die Rote Bete hinzufügen. Die geschälten Tomaten klein schneiden und ebenfalls in die Suppe geben.

Jetzt mit viel schwarzem Pfeffer aus der Mühle, Salz, gemahlenem Piment und einem Lorbeerblatt würzen. Etwas von der Brühe abnehmen, darin die Speisestärke anrühren und unter die Suppe ziehen; 5 Minuten kochen lassen. Den Topf von der Flamme ziehen und die Suppe 15–20 Minuten ruhen lassen.

Zum Servieren den Borschtsch in tiefe Teller füllen und mit gekochtem Fleisch, leicht geschlagener Sahne, gehackter Petersilie und Dill anrichten.

soljanka

SALZGURKENSUPPE

FÜR 4 PERSONEN

500 Rindfleisch (schmeckt auch hervorragend mit Huhn)
2 Salzgurken plus $^1/_8$ l Flüssigkeit
6 Kartoffeln
3 Zwiebeln
1 Möhre
200 g Sellerie
1 Petersilienwurzel
150 g Weißkohl
50 g Butter
100 g Sauerrahm
2 Eigelb
Salz
schwarzer Pfeffer aus der Mühle
Lorbeerblatt
je 1 El fein gewiegte Petersilie und Dill

Das Fleisch mit den Gewürzen in zwei Liter kaltem Wasser aufsetzen und zum Kochen bringen.
Bei schwacher Hitze ca. 1,5 Stunden weitergaren. Danach das Fleisch herausnehmen, die Brühe durch ein Sieb gießen und wieder zum Kochen bringen.
Das Fleisch in feine Würfel schneiden und beiseite stellen.
Die Salzgurken schälen, längs aufschneiden, die Kerne entfernen und quer in 1 cm starke Scheiben schneiden. Das Wurzelgemüse putzen, waschen, in feine Juliennestreifen schnitzeln und in der Butter andünsten. Den Weißkohl waschen und in dünne Streifen hobeln. Die Kartoffeln schälen und in kleine Würfel schneiden.
Erst die Kartoffeln, dann den Weißkohl in die kochende Brühe geben und ca. 10 Minuten kochen lassen. Jetzt das Wurzelgemüse, Zwiebeln, Möhren und die Salzgurken, Pfeffer, Salz, Lorbeerblatt und die Einlegeflüssigkeit der Salzgurken zugeben. Alles 10 Minuten auf kleiner Flamme weiter köcheln lassen. Dann die Suppe von der Flamme ziehen, die Eigelb mit dem Sauerrahm verrühren und die Suppe damit binden.
Zum Anrichten die Suppe mit den Fleischstückchen, Petersilie und Dill garnieren.

gribnoij sup

PILZSUPPE UKRAINISCHE ART

FÜR 4 PERSONEN

300 g Champignons
2 mittelgroße Zwiebeln
1 l Gemüse- oder Fleischbrühe
200 ml Sahne
2 Eigelbe
1 El Speisestärke
50 g Butter
Salz
schwarzer Pfeffer aus der Mühle
1 El fein gehackte Petersilie

Pilze putzen und vierteln, Zwiebeln schälen und in feine Ringe schneiden.
Die Butter in einem Topf erhitzen und die Zwiebeln darin glasig werden lassen, die Champignons zufügen und alles kurz dünsten. Mit der Brühe ablöschen, mit Pfeffer und Salz abschmecken und alles einmal aufkochen lassen.
Die Sahne mit den beiden Eigelb und der Speisestärke vermischen.
Die heiße Suppe von der Flamme ziehen, sie darf jetzt nicht mehr kochen. Die Sahnemischung unter die Brühe geben und damit legieren. Nochmals abschmecken und sofort in Suppentassen servieren. Mit der Petersilie bestreuen.
Dazu passt geröstetes Brot.

kabustnij s fasolju

KRAUTSUPPE MIT BOHNEN

FÜR 4 PERSONEN

800 g frisches Sauerkraut
100 g weiße Bohnen
60 g Butter
2 El Tomatenmark
1 Möhre
1 Petersilienwurzel
3 Zwiebeln
2 Äpfel
125 ml Weißwein
500 g Kartoffeln
Salz und schwarzer Pfeffer aus der Mühle
½ Tl brauner Zucker
Lorbeerblatt
150 g saure Sahne
fein gewiegter Dill und Petersilie

Die Bohnen über Nacht in einem Liter kaltem Wasser einweichen. Die Bohnen herausnehmen. Im Bohnenwasser die geschälten und klein geschnittenen Kartoffeln 10 Minuten kochen und anschließend mit einem Pürierstab im Sud pürieren. Das in feine Streifen geschnittene Wurzelwerk und die Zwiebeln in einer Pfanne mit der Hälfte der Butter anschwitzen, das Tomatenmark dazu geben und alles in der Suppe einmal aufkochen.

Das Sauerkraut mit der restlichen Butter, den klein geschnittenen Äpfeln und den weißen Bohnen in der Pfanne anbraten, mit Weißwein ablöschen und alles in die Suppe geben. Mit braunem Zucker, Salz, schwarzem Pfeffer aus der Mühle und dem Lorbeerblatt würzen, nochmals aufkochen. Zum Anrichten die Krautsuppe in einer Suppenterrine mit einem Klecks saurer Sahne versehen und mit Dill und Petersilie bestreuen.

tiykwenniy cremesup s krewetkami

KÜRBISCREMESUPPE MIT GARNELEN

FÜR 4 PERSONEN

1000 g Speisekürbis
250 g Garnelen ohne Schale und Darm
1 l Milch
500 ml süße Sahne
1 Tl Gemüsebrühepulver
30 g Butter
weißer Pfeffer aus der Mühle
Salz
½ Tl Zucker
1 Bund fein gewiegter Dill

Den Kürbis schälen und in kleine Würfel schneiden.

Die Milch mit der Sahne in einen Topf geben und mit dem Kürbisfleisch mischen.

Vorsichtig aufkochen. Hitze klein schalten und 20 Minuten köcheln lassen. Mit dem Pürierstab pürieren und mit Pfeffer, Gemüsebrühepulver, Zucker und wenig Salz würzen.

In einer Pfanne die Garnelen mit der Butter anbraten.

Die Cremesuppe auf Teller verteilen und die Garnelen dazu geben. Mit frischem Dill bestreuen. Köstlich schmecken dazu geröstete und gebutterte Weißbrotscheiben, die mit Knoblauch abgerieben sind.

pelmeni s owoschnijm buljonom

PELMENI IN GEMÜSEBRÜHE

Für 4 Personen

1 Stange Lauch
1 Möhre
1 Zwiebel
250 g Sellerieknolle
2 Knoblauchzehen
2 Lorbeerblätter
5 schwarze Pfefferkörner
Salz
2 l Wasser

Das Gemüse putzen und in grobe Stücke schneiden

Die Zwiebel samt der Schale halbieren und mit den Schnittflächen in den heißen Suppentopf setzen, sie dürfen unten richtig dunkelbraun werden.

Nun das Wasser angießen und die Gemüse mit den Gewürzen dazugeben.

Alles einmal aufkochen lassen und auf kleiner Flamme 45 Minuten köcheln lassen.

Brühe durchsieben und das ausgekochte Gemüse wegwerfen.

Für den Nudelteig:
250 g Mehl
2 Eier
Salz
3–4 El Wasser

Das Mehl auf ein Backbrett häufen und in die Mitte eine Vertiefung drücken. Die Eier, das Salz und das Wasser in die Vertiefung geben. Alles zu einem festen Teig kneten und 15 Minuten ruhen lassen.

Für die Füllung:
250 g gemischtes Hackfleisch
1 altbackenes Brötchen
1 geriebene Zwiebel
2 gepresste Knoblauchzehen
1 Bund fein gewiegte glatte Petersilie
1 Ei
schwarzer Pfeffer aus der Mühle
Salz
Rosenpaprika

Alle Zutaten zu einem würzigen Fleischteig vermengen und eine ½ Stunde kühl stellen.

Dann auf der bemehlten Arbeitsfläche den Nudelteig etwa 1 mm dünn ausrollen. Locker auf das Nudelholz rollen und eine Stunde trocknen lassen.

Den Nudelteig wieder ausbreiten, einen Rand von 1,5 cm lassen. Mit einem Teelöffel kleine Fleischbällchen auf den Nudelteig setzen und den Teigrand darüber klappen, andrücken und mit einem Nudelrädchen kleine Maultaschen ausrädeln. So die ganzen Zutaten verarbeiten.

Nun werden die Pelmeni in der Gemüsebrühe in ca. 10 Minuten gargekocht. Sie dürfen aber nicht sprudelnd kochen, sonst besteht die Gefahr, dass sie platzen und das Fleisch in die Brühe austritt.

Pelmeni im Suppenteller mit der Gemüsebrühe anrichten und mit Petersilie bestreuen.

Russische Tänzer

morkowotschnij cremesup s risom

MÖHRENCREMESUPPE MIT REIS

FÜR 4 PERSONEN

2 l Milch
500 g klein gehackte Möhren
2 Möhren, in Scheiben geschnitten
1 Apfel
1 Tasse Reis
50 g Butter
100 ml Sahne
Salz
weißer Pfeffer aus der Mühle
Zucker
1 Bund fein gewiegte Petersilie
2 Eigelb

Die Möhren schälen und klein schneiden, den Apfel schälen, das Kerngehäuse entfernen und klein schneiden. Alles in der Hälfte der Butter andünsten, mit dem gewaschen Reis und der Milch mischen und auf kleiner Flamme ca. 20 Minuten köcheln. Mit dem Pürierstab pürieren. Die beiden Möhren schälen und mit dem Bundmesser in feine Scheiben schneiden, mit der restlichen Butter und dem Zucker in der Pfanne dünsten. Die Sahne steif schlagen.
Die Suppe mit Salz und Pfeffer abschmecken und die gedünsteten Möhrenscheibchen unterheben und mit den gequirlten Eigelben legieren. In Teller füllen, auf jede Portion einen Klecks Sahne geben und mit Petersilie bestreuen.

gorochowij sup s salom i belim chlebom

ERBSENSUPPE MIT GERÖSTETEM WEISSBROT UND SPECK

FÜR 4 PERSONEN

200 g gelbe Erbsen
500 g Kartoffeln
2 Möhren
2 Petersilienwurzeln
1 Zwiebel
100 g gewürfelter durchwachsener Speck
schwarzer Pfeffer aus der Mühle
Salz
Lorbeerblatt
1 Tl Speisestärke
2 l Wasser
30 g Butter
2 Scheiben Kastenweißbrot

Die Erbsen über Nacht in zwei Liter Wasser einweichen, im gleichen Wasser zum Kochen bringen und 1 Stunde kochen. Achtung! Bei den Erbsen erst eine Garprobe machen.
Wenn sie gar sind, die geschälten und gewürfelten Kartoffeln und das Lorbeerblatt dazugeben und weitere 10 Minuten kochen. Möhren und Petersilienwurzeln in feine Streifen schneiden, die Zwiebel hacken und alles mit dem Speck leicht anbraten. Mit der Speisestärke bestäuben und noch zwei Minuten brutzeln lassen. Alles zur Suppe geben und gut mischen. Mit Salz und Pfeffer abschmecken und weitere 20 Minuten köcheln lassen.
Das Weißbrot in kleine Würfel schneiden, die Butter in der Pfanne zerlassen, die Weißbrotwürfelchen in die schäumende Butter geben und kross ausbacken. Mit Salz abschmecken.
Die Suppe in Tellern anrichten und mit den Weißbrotwürfelchen bestreuen

kartofelsup s osetrina

KARTOFFELSUPPE MIT LAUCH UND STREIFEN VON GERÄUCHERTEM STÖR

FÜR 4 PERSONEN

800 g Kartoffeln
1,25 l Vollmilch
200 ml Sahne
2 Eigelbe
3 Stangen Lauch
Salz
schwarzer Pfeffer aus der Mühle
100 g geräucherter Stör in feinen Streifen

Kartoffeln schälen und in kleine Würfel schneiden. Den geputzten und gut gewaschenen Lauch in feine Ringe schneiden. Kartoffeln und Lauch mit der Milch zum Kochen bringen.
Achtung! Kann leicht überkochen. Ca. 20 Minuten auf kleiner Flamme köcheln lassen und anschließend mit dem Mixstab pürieren, mit Salz und Pfeffer abschmecken. Die Eigelbe mit der Sahne verquirlen, die Suppe vom Feuer nehmen und die Eiersahne unter die Suppe ziehen.
In Teller füllen und mit Störstreifen garnieren.

pschornnij sup s rijboi

GRAUPENSUPPE MIT FISCH

FÜR 4 PERSONEN

100 g feine Graupen
1 l Wasser
1 Lorbeerblatt
1 Möhre
1 Stange Lauch
250 g Sellerie
1 El Gemüsebrühepulver
500 g Zanderfilet
100 Garnelen ohne Schale und Darm
100 g geschälte rote Paprikaschoten
je ein El frischer Thymian, Majoran, Dill und Petersilie
schwarzer Pfeffer aus der Mühle
Saft von 1/2 Zitrone

Die Graupen mit dem Wasser in einen Topf geben und über Nacht ausquellen lassen.
Das Suppengrün putzen und in feine Würfel schneiden. Mit dem Lorbeerblatt und der Gemüsebouillon zu den Graupen geben und alles 20 Minuten kochen lassen.
Nun den Fisch, die frischen Kräuter und die geschälte gewürfelte Paprika in den Topf geben. Die Hitze herunterschalten und alles 10 Minuten ziehen lassen. Den Fisch herausheben und in Stücke teilen. Mit den Garnelen in den Topf zurück geben und noch mal ziehen lassen.
Mit Pfeffer, Salz und Zitronensaft abschmecken.

Fisch

Fisch – rijba

Russland ist das Land der Flüsse und Seen. Ihr Fischreichtum sorgte auch in mageren Zeiten für einen gefüllten Tisch. Große Fänge, die nicht gleich verspeist werden konnten, wurden gesalzen, geräuchert oder zum Dörren aufgehängt.
Sehr beliebt war und ist der Stör, ein bis zu drei Meter langer Wanderfisch, der in den Mündungen der großen europäischen Flüsse, an den Küsten des Pazifiks sowie im Kaspischen und im Schwarzen Meer gefangen wird. Er ist wegen seines Rogens, auch „Kaviar" genannt, heiß begehrt. Gefangen wird der Stör hauptsächlich, wenn er zu seinen Laichplätzen flussaufwärts schwimmt. Er liefert nicht nur den Kaviar, sondern auch ein sehr fettes, aber außerordentlich wohlschmeckendes, zartes und grätenloses Fleisch.
Die Süßwasserfische hingegen sind grätenreich, aber nicht minder lecker. Der Karpfen zum Beispiel lebt als Wildfisch in träge fließendem oder stehendem schlammreichem Wasser. Er muss vor dem Schlachten wenigstens 24 Stunden in klarem, frischem und fließendem Wasser gehalten werden, damit sich sein leicht modriger Geschmack verliert. Der Karpfen kommt in Ost- und Mittelasien, im Schwarzen Meer und in ganz Europa vor.

Die Frische eines Fisches erkennt man an den rosaroten Kiemen, am festen Fleisch und am frischen Seewassergeruch. Auf Fingerdruck sollten keine Dellen zurückbleiben.

schuka s natschinkoiy

POCHIERTER HECHT

FÜR 4 PERSONEN

1 kg küchenfertiger Hecht
3 l Wasser
5 El Weinessig
1 Zwiebel
250 g Sellerie
1 Bund Dill
1 Bund fein gewiegte Petersilie
1–2 Lorbeerblätter
1 Tl Senfkörner
10 Pimentkörner
2 Tl Meersalz
10 schwarze Pfefferkörner
100 g Butter
1 Tl Zitronensaft

Den Hecht innen und außen gründlich unter fließendem Wasser waschen.
Drei Liter Wasser mit dem Essig in einem ovalen Fischtopf zum Kochen bringen. Zwiebel schälen und vierteln, Sellerie putzen und in Stücke schneiden. Das Gemüse mit den Gewürzen, dem Salz und dem Dill ins Wasser geben und 5–8 Minuten zugedeckt kochen lassen.
Den Hecht in die Brühe geben und ohne Deckel 35–40 Minuten leise ziehen lassen.
Die Butter in einem Töpfchen zerlassen und mit der feingewiegten Petersilie und dem Zitronensaft mischen.
Den Fisch auf einer länglichen Platte anrichten und mit der Petersilienbutter beträufeln.
Dazu passen kleine Kartoffeln und ein knackiger Salat.

karp s mjodom

KARPFEN MIT HONIG

FÜR 4 PERSONEN

1,5 kg Karpfen
2 El Honig
2 Eier
3 El Sultaninen
1 Zwiebel
1 Möhre
1 Stange Lauch
Saft von 1/2 Zitrone
5 Pimentkörner
10 Blatt Gelatine
2 El Balsamico-Essig
250 ml Weißwein
Salz
schwarzer Pfeffer aus der Mühle

Den Karpfen schon beim Fischhändler schuppen und ausnehmen lassen. Gründlich unter fließendem Wasser waschen, in vier gute Portionen teilen und mit Zitronensaft beträufeln. Die Portionen auf dem Dämpfeinsatz verteilen. 1 l Wasser in den Fischtopf gießen, die Gewürze und das Gemüse hinzugeben, alles einmal kräftig aufkochen lassen, dann den Dämpfeinsatz einsetzen. Zudecken und auf kleine Flamme zurückschalten. Den Fisch ca. 20–25 Minuten dämpfen. Den Dämpfeinsatz herausnehmen, den Sud durch ein Sieb gießen, ohne Gewürze und Gemüse wieder in den Topf zurückgeben und den Weißwein, Honig, Balsamico und die Sultaninen dazugeben. Mit Pfeffer und Salz abschmecken. Den Fond auf ein Drittel einkochen, abkühlen lassen und die Gelatine darin einweichen. Kurz bevor er zu Gelieren beginnt, die Fischstücke mit dem Fond begießen und kühl stellen.

sabolnijnoie rijbnije roulade

GEFÜLLTE FISCHROULADEN

FÜR 4 PERSONEN

800 g Hecht- oder Zanderfilet mit Haut
1 Tl Limettensaft

Für die Füllung:
30 g Butter
3 Eier
100 Semmelbrösel
125 ml Sahne
200 g Krabbenfleisch
Butter zum Braten
schwarzer Pfeffer aus der Mühle
1 Eiswürfel

Mit einer Pinzette die Gräten aus dem Filet ziehen und das Fleisch mit dem Limettensaft beträufeln.

Butter, 1 Ei, Sahne, Krabbenfleisch und den Eiswürfel in einen Cutter füllen und cremig aufschlagen. Mit Pfeffer und Salz abschmecken.

Die vorbereiteten Filets mit der Masse bestreichen und aufrollen, mit einem Küchenfaden umwickeln.

Zwei Eier verquirlen, die aufgerollten Filets erst in Ei, dann in den Semmelbröseln wälzen und in der Butter ausbraten.

Besonders gut schmeckt dieses Gericht mit Blattspinat.

lin s kapusdoi

SCHLEIE MIT WEISSKRAUT

FÜR 4 PERSONEN

1 kg Schleienfilets mit Haut
Saft von 1 Zitrone
1 Ei
2 El Semmelbrösel
Butter zum Ausbraten
4 El Rapsöl
1 kg Weißkraut
40 g getrocknete Steinpilze
1 Zwiebeln, fein gehackt
1 Zwiebel, fein gehackt und gedünstet
200 ml Sahne
1 Tl Zucker
125 ml Pilzbrühe
4 Pfefferkörner
4 Nelken
1 Prise Zimt
Salz
weißer Pfeffer aus der Mühle
1 Bund fein gewiegte Petersilie

Die Schleienfilets waschen und mit Zitronensaft beträufeln, salzen und pfeffern. In portionsgerechte Stücke schneiden und in Ei und Semmelbrösel wenden. In der Butter von beiden Seiten goldbraun braten. Die getrockneten Steinpilze mit kochendem Wasser übergießen und erkalten lassen, ausdrücken, klein schneiden und anbraten. Den Pilzsud durch ein Filterpapier in einen Topf gießen und eine klein geschnittene Zwiebel dazugeben, aufkochen und auf 1/8 l reduzieren.

Das Weißkraut in feine Streifen hobeln, mit dem Pilzfond übergießen und ca. 15 Minuten garen, es sollte auf jeden Fall noch Biss haben.

In einem Mörser die Nelken zerstoßen. Mit Zimt, Zucker, Sahne, gedünsteten Zwiebelwürfelchen und den angebraten Pilzen vermischen und zum Kraut geben. Alles gut unterrühren und fertig garen.

Die Filets mit dem Kraut servieren. Das Gericht mit zerlassener Butter begießen und mit der fein gewiegten Petersilie bestreuen.

sudak s kartoffelem

ZANDER-KARTOFFEL-GRATIN

FÜR 4 PERSONEN

500 g Zanderfilet
10 Kartoffeln
50 g feine Lauchringe
250 ml Sahne
1 Eigelb
150 g Reibekäse
30 g Butter
Salz
Muskat
weißer Pfeffer aus der Mühle
Saft von 1/2 Zitrone

Das Zanderfilet in 4 Portionsstücke schneiden, mit Zitronensaft beträufeln, salzen und pfeffern. In der Hälfte der Butter von beiden Seiten braten.
Kartoffeln in der Schale kochen, noch heiß pellen, in Scheiben schneiden und in der restlichen Butter mit Pfeffer und Salz anbraten.
Eine Auflaufform leicht buttern und die Bratkartoffeln dachziegelartig einfüllen. Den fein geschnittenen Lauch darüber streuen, die Fischstücke auf die Kartoffeln legen. Die Sahne mit dem Eigelb verrühren und mit Pfeffer, Salz und einer Prise Muskat würzen. Die so gewürzte Sahne über den Fisch geben. Jetzt den geriebenen Käse darüber streuen und im vorgeheizten Backofen bei 200 °C Oberhitze für 10–15 Minuten überbacken.

Gebratener junger Wels mit geschmolzenen Tomaten (Rezept siehe Seite 66)

scharenij som tuschenom tomate

GEBRATENER JUNGER WELS MIT GESCHMOLZENEN TOMATEN

FÜR 4 PERSONEN

500 g Welsfilet
30 g Mehl
4 El Rapsöl
500 g frische Tomaten
½ Salatgurke
1 Zwiebel
1 Knoblauchzehe
1 Tl Zucker
1 Bund fein gewiegter Dill
schwarzer Pfeffer aus der Mühle
Meersalz aus der Mühle

Tomaten in einem Sieb mit kochendem Wasser überbrühen, häuten, vierteln und die Kerne entfernen.

Die halbe Gurke waschen, halbieren, die Kerne entfernen und auf der Gemüsereibe fein reiben, gut ausdrücken. Die Zwiebel schälen und ebenfalls auf der Gemüsereibe fein reiben, die Knoblauchzehe schälen. Die Zwiebel in zwei El Rapsöl anbraten, die Tomaten, Gurken und die ganze Knoblauchzehe dazugeben. So lange kochen lassen, bis die Flüssigkeit verdampft ist. Mit Pfeffer, Salz, Zucker und Dill herzhaft abschmecken.

Das Welsfilet in vier Portionen teilen, salzen, pfeffern und im Mehl wenden.

Zwei El Rapsöl erhitzen und die Filets darin von beiden Seiten braten. Zum Servieren die geschmolzenen Tomaten in eine ovale Auflaufform geben, die Fischstücke darauf verteilen und mit etwas Dill bestreuen.

warennaja seld

GEKOCHTER DORSCH

FÜR 4 PERSONEN

ein ganzer Dorsch, ca. 1000 g (vom Fischhändler ausgenommen und geschuppt)
1 Möhre
1 Zwiebel
1 Petersilienwurzel
250 g Sellerie
2 Lorbeerblätter
5 Pimentkörner
5 schwarze Pfefferkörner
Meersalz
200 ml saure Sahne
250 ml Weißwein
250 ml Wasser
1 Bund Petersilie
mehrere Holzstäbchen

Den Dorsch unter fließendem Wasser gut waschen, trocken tupfen, innen und außen pfeffern und salzen. In die Bauchhöhle die gewaschene Petersilie stecken.

Mit den Holzstäbchen den Bauch so verschließen, dass der Fisch auf dem Bauch stehen kann. Das gewaschene und grob zerteilte Gemüse und die Gewürze in die tiefe Fettpfanne des Backofens geben, Wein und Wasser angießen, den Dorsch darauf setzen und mit Alufolie bedecken. Die Fettpfanne in den auf 220 °C vorgeheizten Backofen schieben und ca. 20–30 Minuten garen. Kurz vor Ende der Bratzeit die Alufolie entfernen und den Fisch mit der Hälfte der sauren Sahne begießen. Den Kochsud durch ein Sieb geben, das Gemüse wegwerfen, den Fischfond mit der restlichen sauren Sahne mischen. Dazu passen kleine gekochte Kartoffeln, die in Butter geschwenkt werden.

rijbnije frikadeli is seldi

FISCHKLÖSSCHEN AUS DORSCH

FÜR 4 PERSONEN

500 g Dorschfilet
100 g Weißbrot
1 Ei
1 Zwiebel
3 El Semmelbrösel
2 El kalte Sahne
2 El Öl
30 g Butter
weißer Pfeffer aus der Mühle
Salz
1 Bund fein gewiegte Petersilie

Das gewaschene Dorschfilet in Stücke schneiden, die Zwiebel würfeln und in wenig Butter andünsten, das Weißbrot in kleine Stücke schneiden. Alles durch die grobe Scheibe des Fleischwolfs drehen, danach Ei, Salz, Sahne und Pfeffer hinzugeben und alles gut miteinander vermischen. Aus der Masse Klößchen formen und in den Semmelbröseln wälzen.
Das Öl in der Pfanne erhitzen und die Fischklößchen rundherum anbraten. In eine gebutterte Auflaufform setzen und auf jedes Klößchen ein Butterflöckchen geben. Im Backofen bei 200 °C für 10 Minuten überbacken.
Vor dem Servieren mit der Petersilie bestreuen.

tschornij paltus s gribami

SCHWARZER HEILBUTT MIT FEINEN PILZEN

FÜR 4 PERSONEN

4 Heilbutt-Kottelets, ca. 800 g
4 Zwiebeln
300 g Pilze (Champignons oder andere Frischpilze)
200 g Gewürzgurken
100 g Salzgurken
weißer Pfeffer aus der Mühle
3 El Mehl
Butter zum Braten
1 Bund fein gewiegte Petersilie
Rapsöl zum Braten

Die Zwiebeln schälen und in feine Ringe, die Pilze gründlich putzen und in feine Scheibchen schneiden. Die Gewürz- und Salzgurken in feine Stifte schnitzeln. Den Heilbutt vorsichtig waschen und trocken tupfen, von beiden Seiten salzen, pfeffern und im Mehl wenden, überschüssiges Mehl abklopfen.

Zwei El Rapsöl in der Pfanne erhitzen und die Zwiebelringe darin anbraten bis sie goldgelb sind.
Einen Teller mit Küchenkrepp auslegen, die Zwiebelringe darauf legen und entfetten. In den Backofen zum Warmhalten stellen.
Wieder Öl in die Pfanne geben und die Pilze darin dünsten, bis alle Flüssigkeit verdampft ist. Jetzt die Gurkenstückchen dazugeben und erwärmen.
Auf einen Teller geben und ebenfalls in den Backofen stellen.
Für den Heilbutt in einer Pfanne Butter erhitzen und den Fisch darin bei mittlerer Hitze von beiden Seiten goldgelb ausbraten.
Zum Anrichten die Heilbuttstücke auf eine Platte legen und mit den Zwiebelringen und der Pilz-Gurkenmischung umlegen. Alles mit der fein gewiegten Petersilie bestreuen.

SALMON FANCY
RIGA
SPROTTEN
FANCY PINK

RIGA
PROTTEN
IN ÖL
Fischeinwaage:
125g
DORSC

rijbnije palotschki s remouladsousom

FISCHSTÄBCHEN MIT REMOULADENSOSSE

FÜR 4 PERSONEN

700 g Seehechtfilet
600 g abgetropfter Magerquark
Zitronensaft
60 g Weißbrot
3 El warme Milch
2 Zwiebeln
Salz
weißer Pfeffer aus der Mühle
20 g Butter
50 g Semmelbrösel
Mehl für die Hände
Rapsöl zum Ausbacken

Remouladensoße

2 hart gekochte Eigelb
1 rohes Eigelb
125 ml Öl
2 El Zitronensaft
1 El Senf
1 kleine fein gehackte Zwiebel
1 kleine fein gehackte saure Gurke
1 El fein gewiegter Dill
1 El klein gehackte Kapern
2 klein gehackte Sardellenfilets
Salz
schwarzer Pfeffer aus der Mühle

Den gesäuberten und mit Zitronensaft eingeriebenen Fisch durch den Fleischwolf drehen. Weißbrot grob zerkleinern und in der Milch einweichen, ausdrücken, zur Fischmasse geben und nochmals durch den Fleischwolf drehen. Kräftig mit Pfeffer und Salz würzen und den abgetropften Quark unterrühren.
Die Zwiebeln schälen und würfeln. In der Butter braun rösten und unter die Masse ziehen.
Mit einem feuchten Löffel Nocken abstechen und mit bemehlten Händen daraus Stäbchen formen. In den Semmelbröseln wälzen.
In einer Pfanne Rapsöl erhitzen und die Fischstäbchen knusprig ausbacken.

Die hart gekochten Eigelbe durch ein Sieb streichen und mit dem rohen Eigelb und etwas Salz verrühren. In ein Stabmixergefäß füllen und aufschlagen. Tropfenweise das Öl zugeben. Senf und Zitronensaft dazugeben.
Sobald die Soße dicklich ist, den Stabmixer ausschalten. Jetzt die anderen Zutaten – Zwiebel, Gurke, Dill, Kapern und die Sardellenfilets – unterheben und mit Pfeffer und wenig Salz abschmecken.
Die Remouladensoße separat zu den Fischstäbchen reichen.

Fleisch

Fleisch – mjaso

Das bekannteste Beispiel für den Einfluss der französischen auf die russische Küche ist sicherlich die Geschichte des Bœuf Stroganow. Alexander Graf Stroganow (1795–1891) entstammte einer Familie, die ihren Reichtum dem Handel mit sibirischen Pelzen verdankte. Der Graf war Bürgermeister der Stadt Odessa und äußerst sozial eingestellt. In seinem Haus hieß er jeden willkommen, der halbwegs ordentlich gekleidet war, und dieser wurde dann kostenlos bewirtet. Seine Köche erdachten sich zu diesem Zweck ein Gericht, das schnell zubereitet und serviert werden konnte: das Bœuf Stroganow.
Damals liebte man wie heute große Bratenstücke von Rind oder Schwein über alles.

Hier noch einige Tipps zum richtigen Umgang mit Rindfleisch:
Zum Braten eignen sich besonders die zarten, saftigen und mageren Fleischstücke wie Lende, hohe Rippe oder Roastbeef.
Zum Kochen ideal sind Fleischteile mit viel Bindegewebe und Knochen, wie Bruststück, Bauch, Vorder- und Hinterhaxen und die Schulter.
Für eine Fleischbrühe, deren Gemüseeinlage mitgegessen werden soll, Zwiebel, Petersilienwurzel, Sellerie, Möhren und Lorbeerblatt erst 30 Minuten vor Ende der Kochzeit zugeben.
Das fertig gekochte Fleisch sollte in einem geschlossenen Topf mit etwas heißer Brühe (50 °C bis 60 °C) aufbewahrt werden, dadurch können Sie Aromaverluste verhindern.
Da Rindfleisch hierzulande oft nicht genug abgehangen verkauft wird, sollte man es am Tag vor der Zubereitung mit Senfpulver einreiben – so wird es schön zart. Vor dem Braten oder Kochen muss das Fleisch dann allerdings wieder gut abgespült werden.

warjonaja gowjadina s chrenom

GEKOCHTES RINDFLEISCH MIT MEERRETTICH

FÜR 4 PERSONEN

1 kg Rindfleisch, wenn möglich mit Knochen
1 Zwiebel
1 Möhre
1 Petersilienwurzel
2 Lorbeerblätter
5 schwarze Pfefferkörner
2 El Butter
250 ml Sahne
2 Eier
1 Meerrettichwurzel, grob gerieben
Petersilie
schwarzer Pfeffer aus der Mühle
Salz

Das Rindfleisch unter fließendem Wasser gut abwaschen, um eventuell kleine Knochensplitter zu entfernen. Mit 1,5 l Wasser aufsetzen, das geputzte Gemüse, Lorbeerblätter, Pfeffer und Salz dazu geben und alles einmal aufkochen. Die Hitze reduzieren und auf kleiner Flamme 2–3 Stunden garen. Das gegarte Fleisch in feine Scheiben schneiden, eine Auflaufform mit Butter ausreiben und die Fleischscheiben in die Form legen.
Geriebenen Meerrettich mit rohen Eiern, Sahne, Pfeffer und Salz verrühren und über die Fleischscheiben gießen. Einige Butterflöckchen darauf setzen und im Backofen bei 200 °C 10 Minuten überbacken. Mit Petersilie bestreuen und mit kleinen Kartoffeln servieren.

scharenaja swinina s biwom

SCHWEINEBRATEN MIT BIER

FÜR 4 PERSONEN

500 g Schweinefleisch aus der Keule (Nuss)
2 El Butterschmalz
1 Möhre
1 Zwiebel
1 kleine Petersilienwurzel
5 schwarze Pfefferkörner
3 Pimentkörner
2 Lorbeerblätter
500 ml Bier
1 Tl getrocknete Minze

Das Schweinefleisch kalt abwaschen und trocken tupfen. In einem Bräter das Butterschmalz erhitzen und das Fleisch von allen Seiten anbraten, bis es eine schöne goldbraune Kruste hat.

Jetzt das geputzte und gewürfelte Wurzelgemüse und alle Gewürze zum Fleisch geben, anschließend mit dem Bier aufgießen. Eine Stunde im geschlossenen Bräter gar köcheln. Den Schweinebraten aus der Soße heben und warm stellen. Die Lorbeerblätter und die Gewürze möglichst entfernen. Das Gemüse in der Soße mit dem Pürierstab zerkleinern und so die Soße binden. Den Schweinebraten aufschneiden und mit der Soße begossen servieren.

rouladen isgowjadinoi

GEFÜLLTE KALBSROULADEN

FÜR 4 PERSONEN

4 dünne Kalbsschnitzel
1 El Butterschmalz
80 g Mehl
250 ml saure Sahne
125 ml Brühe
schwarzer Pfeffer aus der Mühle
Salz

Für die Füllung:
50 g gekochten Reis
1 fein gewiegte gedünstete Zwiebel
1 hart gekochtes, gehacktes Ei
3 Scheiben gekochter Schinken in Würfeln
1 El Butter
schwarzer Pfeffer aus der Mühle
Salz

Das Fleisch flach klopfen, salzen und pfeffern. Reis, Schinken und Zwiebel gut vermischen und mit Pfeffer und Salz abschmecken.
Auf die Fleischscheiben verteilen und aufrollen, mit Küchengarn umwickeln. Im Mehl wälzen und in einem Bräter von allen Seiten im Butterschmalz anbraten.
Die Brühe angießen, die saure Sahne über die Rouladen geben und in ca. 10–15 Minuten fertig garen. Dazu passen gebratene Pilze und geschmorte Tomaten.

stroganowsky

BŒUF STROGANOW

FÜR 4 PERSONEN

1 kg Rinderfilet
3 mittelgroße Zwiebeln
200 g Champignons
5 El Rapsöl
Salz
schwarzer Pfeffer aus der Mühle
200 g süße Sahne
1 El Tomatenmark
2 El scharfer Senf
2 Salzgurken

Das Fleisch quer zur Faser in 1,5–2 cm dicke Scheiben, danach in Streifen schneiden.
Die Zwiebeln schälen und in kleine Würfel schneiden, die Champignons putzen und feinblättrig aufschneiden. Die Salzgurken halbieren, die Kerne entfernen und ebenfalls in feine Streifen schneiden. Das Öl in der Pfanne erhitzen und die gewürfelten Zwiebeln darin glasig braten. Das Fleisch zufügen und immer wieder wenden, damit es von allen Seiten braun wird. Die Pilze unter ständigem Wenden dazu geben. Mit Salz und schwarzem Pfeffer würzen. Die Sahne mit dem Tomatenmark und dem Senf verrühren, über das Fleisch gießen und nochmals aufkochen lassen. Die Gurkenstifte erst zum Schluss dazugeben, sie sollen noch Biss haben.

Gebackener Hackfleischauflauf

Zubereitung der Hackfleischmasse

sapetschonniy farsch soswekloi

HACKFLEISCHAUFLAUF MIT ROTER BETE

FÜR 4 PERSONEN

500 g Rinderhackfleisch
1 kg Rote Bete
1 Ei
schwarzer Pfeffer aus der Mühle
Salz
1 Bund fein gewiegte Petersilie
2 El Mehl
3 El Butter
2 El Semmelbrösel
Butter für die Form

Für die Meerrettichsoße:
350 ml Milch
150 ml heller Fleischfond
1 El Butter
1 El Mehl
2 El geriebener Meerrettich aus dem Glas

Die Roten Beten kochen, schälen und auf der Gemüsereibe fein hobeln. Mit dem Hackfleisch, dem Mehl, dem Ei, der Petersilie und den Gewürzen vermischen. Kräftig mit Pfeffer und Salz abschmecken. Eine ausgebutterte Auflaufform mit den Semmelbröseln ausstreuen, die Fleischmasse in die Form füllen und glatt streichen. Mit den restlichen Semmelbröseln bestreuen und mit zerlassener Butter beträufeln. Im Backofen bei 190 °C ca. 60–70 Minuten überbacken. Sollte der Auflauf zu braun werden, mit Alufolie abdecken.

Meerrettichsoße:

In einem Topf die Butter aufschäumen lassen und das Mehl einrühren. Milch und Fleischfond unter ständigem Rühren angießen. Bei mittlerer Hitze 5 Minuten köcheln lassen.

Mit Salz, Pfeffer und Meerrettich abschmecken und zu dem in Scheiben geschnittenen Auflauf servieren.

tuschonaja baranina s gorochom

ÜBERBACKENES HAMMELFLEISCH MIT GRÜNEN BOHNEN

FÜR 4 PERSONEN

600 g Hammelfleisch
1 El Butterschmalz
1 El Butter
200 g frische grüne Bohnen
1 Bund Bohnenkraut
Salz
schwarzer Pfeffer aus der Mühle
375 ml Sahne
1 kleine Dose geschälte Tomaten
1 Prise Zucker
100 g geriebener Käse

Das Fleisch waschen und von Häuten und Sehnen befreien, pfeffern, salzen und in einem Bräter von allen Seiten kräftig in Butterschmalz anbraten. Etwas Wasser angießen und den Deckel auf den Topf setzen, ca. 20 Minuten garen. Das Fleisch herausnehmen und in Scheiben schneiden, mit Alufolie abdecken und beiseite stellen.

Die grünen Bohnen putzen und in Salzwasser mit Bohnenkraut 10 Minuten kochen. Das Kochwasser abgießen.

Die Tomaten aus der Dose zerdrücken und mit der Sahne vermischen. Mit Pfeffer, Salz und Zucker würzen.

Eine Auflaufform ausbuttern. Die Fleischscheiben hineinlegen, darauf die gekochten Bohnen verteilen. Mit der Tomatensahnemischung übergießen und mit Käse bestreuen.

Im Backofen bei 180 °C 20–30 Minuten überbacken.

scharenaja gawjadina so sliwami

RINDERSCHMORBRATEN MIT BACKPFLAUMEN

FÜR 4 PERSONEN

1 kg Rindfleisch
2 El Butterschmalz
500 g Backpflaumen
2 Zwiebeln
ca. 250 ml Gemüsebrühe
ca. 250 ml Rotwein
3 El Tomatenmark
1 Tl Zucker
4 Nelken
4 Wacholderbeeren
1 gute Prise Zimt
2 El Balsamico
4 El Sahne
1 El Speisestärke
schwarzer Pfeffer aus der Mühle
Salz

Das Fleisch kalt abwaschen und gut abtrocknen, wenn nötig Häutchen und Fett entfernen. Mit Salz und Pfeffer einreiben und von allen Seiten im heißen Butterschmalz braun anbraten. Die geviertelten Zwiebeln zufügen, sie sollten ebenfalls gut braun werden. Auf dem Topfboden eine freie Stelle schaffen und das Tomatenmark darauf setzen, es sollte dort kurze Zeit karamellisieren, damit es seine Säure verliert. Jetzt so viel Brühe und Rotwein angießen, bis das Fleisch knapp bedeckt ist.

Alle Gewürze und den Essig in die Soße geben, 30 Minuten schmoren lassen. Backpflaumen in den Topf geben und die restliche Flüssigkeit angießen. Auf kleiner Flamme 1,5 Stunden weiter köcheln lassen. Immer darauf achten, dass ausreichend Flüssigkeit im Topf ist. Die Soße mit in der Sahne angerührter Speisestärke binden.

Propagandatafel

otbitnije s gortschitza

SENFKOTELETTS

FÜR 4 PERSONEN

500 g Schweinefleisch
(Kotelettstück ohne Knochen)
100 g Speck in Scheiben
2 Zwiebeln, gewürfelt und geröstet
150 g Graubrot
2 El Senf
3/8 l Brühe
2 El Butterschmalz
1 El Butter
5 gehackte Knoblauchzehen
2 Gewürzgurken in Längsscheiben geschnitten
schwarzer Pfeffer aus der Mühle
Salz
1 Bund fein gewiegte Petersilie

Das Schweinefleisch kalt abwaschen und von Sehnen und Häutchen befreien. Das vorbereitete Fleisch in fingerdicke Scheiben schneiden, klopfen, salzen, pfeffern und leicht in Butterschmalz anbraten. Eine feuerfeste Form mit den Speckscheiben auslegen, darauf die angebratenen Fleischscheiben legen. Mit Senf bestreichen und mit der Hälfte der gerösteten Zwiebelwürfel bestreuen, mit Brühe angießen und gar dünsten. Die Brotscheiben in einer Pfanne mit etwas Butter leicht anrösten. Auf einen angewärmten Teller legen, mit den Gurkenscheiben belegen, obendrauf kommen nun die Koteletts.

Mit den restlichen Zwiebelwürfeln und dem Knoblauch bestreuen und den Bratensaft darüber träufeln.

Mit Petersilie bestreut auf den Tisch bringen.

mjaso s tuschonnoi kapustoi

RINDFLEISCHAUFLAUF MIT SAUERKRAUT

FÜR 4 PERSONEN

1 kg Rindfleisch
200 g durchwachsener Speck in Scheiben
3 El Butterschmalz
2 Zwiebeln
schwarzer Pfeffer aus der Mühle
2 Möhren
1 Petersilienwurzel
1 l Brühe
1,5 kg rohes Sauerkraut
1 Apfel
1 Tl Speisestärke
weißer Pfeffer aus der Mühle
3 Lorbeerblätter
3 zerstoßene Wacholderbeeren
1 Prise Piment
Salz
200 ml saure Sahne

Fleisch kalt abwaschen und gut trockentupfen. Mit schwarzem Pfeffer von allen Seiten einreiben und mit den Speckscheiben umwickeln. In einem Bräter etwas Butterschmalz zerlassen und das Fleisch von allen Seiten gut Farbe annehmen lassen. Die klein geschnittenen Zwiebeln dazugeben und ebenfalls anbraten. Klein gewürfelte Möhren und Petersilienwurzel zugeben, mit einem halben Liter Brühe angießen und ca. 1,5–2 Stunden schmoren lassen.
Den Apfel schälen, das Kerngehäuse entfernen und den klein geschnittenen Apfel in Butterschmalz anbraten. Das gewaschene rohe Sauerkraut zerrupfen und dazugeben. Mit weißem Pfeffer, Lorbeerblättern, Wacholderbeeren, Piment und Salz würzen und etwas Brühe angießen. Gut 30 Minuten kochen lassen.

Das fertig gegarte Fleisch in dickere Scheiben schneiden. Den Bratensaft und das Gemüse durch ein Sieb streichen. Die restliche Brühe angießen, im Bräter wieder aufkochen lassen. Speisestärke mit etwas Wasser verquirlen und damit den Bratensaft binden.
Aus dem Sauerkraut die Lorbeerblätter und die Wacholderbeeren herausnehmen.

Eine Auflaufform mit den restlichen Speckscheiben auslegen. Mit einer Lage Sauerkraut beginnen, Fleischscheiben darauf geben und mit etwas Soße beträufeln. So lange wiederholen, bis alle Zutaten verarbeitet sind. Die saure Sahne aufrühren und über die letzte Schicht gießen.

Die Auflaufform in den Backofen setzen und bei 200 °C ca. 20 Minuten schmoren lassen.

Geflügel

Geflügel – pliza

In russischen Küchen nennt man alle domestizierten Vögel wie Ente, Gans, Huhn und Truthahn „Geflügel". Und die Zubereitung eines solchen Geflügelgerichtes ist immer mit einer Feier in der Familie oder einem Festtag verbunden. Diese wohlschmeckenden Vögel wurden gespickt, mariniert oder mit einer köstlichen Farce gefüllt, anschließend gegrillt, gebraten oder in einem würzigen Sud gedünstet. Immer zogen himmlische Düfte durch das Haus und steigerten die Vorfreude auf das Essen.
Bitte achten Sie beim Geflügelkauf auf Frische und kaufen Sie kein Geflügel, das nur noch einen Tag haltbar ist. Sehr schnell haben sich Salmonellen zwar nicht in ihrer Mahlzeit, aber dafür in Ihrer Küche eingeschlichen. Besonders im Sommer ist es wichtig, alle Gegenstände, die mit Geflügel und seinen Innereien in Berührung gekommen sind, gründlichst zu reinigen.

schareniy zyplonok s mutschniymi klotzkami

GESCHMORTES HÄHNCHEN MIT MEHLKLÖSSCHEN

FÜR 4 PERSONEN

1 Hähnchen, ca. 1 kg
1 gewürfelte Möhre
1 gewürfelte Zwiebel
2 El Butter
250 ml Brühe
125 ml Weißwein
5 fein geschnittene große Pilze
3 gehackte Knoblauchzehen

Für die Mehlklößchen:
400 g Weizenmehl
1 Ei
2 El Butter
Salz
Muskatnuss
weißer Pfeffer aus der Mühle
2 l Brühe

Das Hähnchen innen und außen waschen und gut abtrocknen, in 6 Teile schneiden, salzen, pfeffern und in Butter anbraten. Das Wurzelgemüse und die Zwiebel zugeben, die Brühe angießen und alles in ca. 30 Minuten gar schmoren. Weißwein, Knoblauch und Pilze zugeben, weitere 5 Minuten köcheln lassen und mit Pfeffer und Salz abschmecken.
Für die Mehlklößchen einen Teig aus Mehl, Ei, Butter, Salz, Muskatnuss und 180 ml Wasser kneten. Mit dem Nudelholz 15 cm lang ausrollen, kleine Rechtecke ausschneiden und in 2 l kochende Brühe geben. Die Klößchen sind gar, wenn sie an die Oberfläche kommen.
Mit dem Schaumlöffel herausnehmen und abtropfen lassen, zum Hähnchenfleisch geben und unterheben. Im auf 200 °C vorgeheizten Backofen für 10 Minuten schmoren lassen und in der Pfanne servieren.

indjuschatina s jablokami

GEBACKENE PUTENROLLE MIT ÄPFELN

Für 4 Personen

500 g Putenbrust
2 Äpfel
weißer Pfeffer aus der Mühle
Salz
2–3 Salbeiblättchen
2–3 gehackte Salbeiblättchen
2 El Butter
1 El Cognac
250 ml Brühe
250 ml Sahne

Die geputzte Putenbrust waschen und trockentupfen. In der Mitte so aufschneiden das man sie aufklappen kann. Salzen, pfeffern und die Salbeiblättchen einlegen.

Die Äpfel schälen, vom Kerngehäuse befreien, in Spalten schneiden, mit 1 El Butter anbraten und mit dem Cognac parfümieren. Auf das Putenfleisch geben. Jetzt das Fleisch aufrollen und mit Küchengarn zusammenbinden. Von außen pfeffern und salzen und in einer Pfanne von allen Seiten goldbraun anbraten. Einen Teil Brühe und einen Teil Sahne angießen, in die Soße den gehackten Salbei geben und köcheln lassen. 30–40 Minuten schmoren, nach und nach die restliche Flüssigkeit zugeben. Die Rolle in Scheiben schneiden und mit der Soße servieren.

pitschornnoe kurinoe filet

FRITTIERTES HÜHNERFILET

FÜR 4 PERSONEN

8 Hühnerfilets (je 4 kleine und große Filets)
4 Scheiben roher Schinken
2 Eier
200 g Butter
200 g Semmelbrösel
weißer Pfeffer aus der Mühle
Salz
Fett zum Ausbacken

Fleisch waschen und von Häuten und Sehnen befreien, die Filets leicht klopfen. In die Mitte des großen Filets ein Stück kalte Butter und eine Scheiben Schinken legen, das kleinere Filet darauf legen, die Ränder des großen Filets darüber klappen und fest andrücken. Das Ganze soll eine Schiffchenform bekommen. Die Filets salzen und pfeffern, zweimal in Ei und Semmelbrösel wenden, bis sich eine geschlossene Panadeschicht gebildet hat. Das Frittierfett muss aufrauschen, wenn die Filets eintauchen. 3–4 Minuten im Fett ausbacken. Den Backofen auf 100 °C vorheizen, die Filets noch ein paar Minuten darin ruhen lassen.

Serviert mit Kräuterrahm sind sie eine köstliche kleine Mahlzeit.

Dreifaltigkeits-Sergios-Kloster

Innereien

Innereien – wnutrennosti

In Russland gibt es keine Festtafel ohne gekochte Rinderzunge, Nierchen oder Leber.
Bei einer guten russischen Hausfrau oder einem guten Koch wird alles verwertet, was das geschlachtete Vieh hergibt. Erst recht die feinen Innereien. Sie sind genauso kostbar wie ein Steak oder Filet, denn jedes Tier besitzt schließlich nur ein Herz, eine Leber, eine Zunge, ein Gehirn. Aus diesen Teilen lassen sich die schönsten und delikatesten Speisen zubereiten.
Beim Einkauf von Innereien bitte unbedingt auf Frische achten.
Wenn Sie Zunge zubereiten möchten, wenden Sie sich bitte an den Metzger Ihres Vertrauens und bestellen Sie die Zunge für den Tag, an dem sie auch zubereitet werden soll; sie muss immer gut gekühlt gelagert werden.

teljatschi jasik saliwnoi

RINDERZUNGE IN ASPIK

FÜR 4 PERSONEN

1 Rinderzunge
250 g Sellerie
1 Petersilienwurzel
1 Zwiebel
2 Lorbeerblätter
5 Pfefferkörner
1 hart gekochtes Ei
2 Gewürzgurken
12 Blatt Gelatine
Salz

Die vorbereitete Zunge in Salzwasser mit Pfefferkörnern, Lorbeerblättern und geputztem Sellerie, Petersilienwurzel und Zwiebel 3 Stunden kochen lassen.
Danach die Zunge in kaltes Wasser legen und sofort die Haut abziehen.
Nach dem Erkalten die Zunge in dünne Scheiben schneiden, in eine flache Schale legen und mit Scheiben vom hart gekochten Ei und Streifen der Gewürzgurken garnieren.
In 1 Liter Zungenbrühe die Gelatine auflösen und kurz vor dem Gelieren über die Zunge gießen. Das Aspik fest werden lassen.
Dazu passt ein frischer grüner Salat.

petschen swini s jablokami i lukam

GEBRATENE LEBER MIT ÄPFELN UND ZWIEBELN

FÜR 4 PERSONEN

500 g Schweineleber
3 Äpfel
2 mittelgroße Zwiebeln
3 El Mehl
schwarzer Pfeffer aus der Mühle
Salz
4 El Butter

Die Leber von Häutchen und Sehnen befreien und in dünne Streifen schneiden. In Mehl wälzen und in 2 El Butter von allen Seiten braten.

Die Äpfel schälen, Kerngehäuse entfernen und in feine Spalten schneiden.

Die Zwiebeln häuten und in feine Ringe hobeln. Äpfel und Zwiebeln zusammen in der restlichen Butter braten, bis sie schön goldgelb sind.

Kräftig mit schwarzem Pfeffer aus der Mühle und mit Salz würzen.

Die Leber auf einem Teller anrichten und die Äpfel und Zwiebelringe darüber geben.

Ein sahniges Kartoffelpüree passt wunderbar dazu.

scharenije potski s morkowskoi

GEBRATENE NIERCHEN MIT MORCHELN

FÜR 4 PERSONEN

600 g Schweinenierchen
100 g Weizenmehl
3 El Butter
2 klein geschnittene Zwiebeln
30 g getrocknete Morcheln
250 ml Sahne
3 El Mehl zum Wenden
Salz und schwarzer Pfeffer aus der Mühle

Die Nierchen unter fließendem Wasser säubern. Alle Häutchen und Sehnen entfernen. Eine Schüssel mit Essigwasser füllen und die Nieren für 2 Stunden wässern.

Herausnehmen, abwaschen und trockentupfen. In Scheiben schneiden, salzen, pfeffern und im Mehl wenden.

Die Morcheln in warmem Wasser aufquellen lassen. Mit einer Gabel hin und wieder umrühren, damit aller Sand und die Steinchen herausfallen. Die Pilze vorsichtig abfischen und das Pilzwasser durch ein Filterpapier schütten und auffangen. Die Morcheln klein schneiden.

Die Nierchen in der Butter anbraten und Farbe annehmen lassen. Die Zwiebeln und die Morcheln zufügen und so lange braten, bis alle Flüssigkeit verdampft ist. ½ Liter von der Pilzflüssigkeit angießen und fast einkochen lassen, dann die Sahne zufügen.

Nochmals mit Pfeffer und Salz abschmecken.

Gemüse

Gemüse – owoschtschi

Im 18. Jahrhundert, als sich jeder Russe von Welt seinen französischen Chefkoch hielt, begann der Siegeszug des Gemüses. Die „Grasesser" aus Frankreich brachten Salate, Spargel und Tomaten mit ins Zarenreich. Zugleich bewiesen sie, dass Kraut und Rüben nicht nur gesund, sondern auch ausgesprochen wohlschmeckend sind.
Bei unserem heutigen Angebot an frischem Gemüse lässt man sich allzu schnell verleiten, zu viel zu kaufen. Denn wenn Sie Gemüse nicht gleich verbrauchen oder einfrieren, verliert es nach spätestens sieben Tagen im Kühlschrank Vitamine, Mineralien und das Aroma. Und schlappes Gemüse sieht unappetitlich aus. Länger als zwei bis drei Tage sollte es bei einer Lagertemperatur um +7 °C im Gemüsefach nicht lagern.
Spargel wird am besten in einem feuchten Baumwolltuch eingewickelt im Gemüsefach aufbewahrt.

golubzi

WEISSKOHL MIT REISFLEISCHFÜLLUNG

FÜR 4 PERSONEN

1 Weißkohl (600–700 g)
400 g gemischtes Hackfleisch
3 El gekochter Reis
1 gewürfelte Zwiebel
2 El Butter
weißer Pfeffer aus der Mühle
Salz
125 ml Sahne
gemahlener Kümmel
1 Prise Muskatnuss
Öl zum Braten

Aus dem Weißkohl den Strunk keilförmig herausschneiden, es sollte kein Strunkrest mehr zu sehen sein. In einem ausreichend großen Topf Salzwasser zum Kochen bringen. Den Kohl hineingeben und 20 Minuten kochen, er sollte noch gut Biss haben. Den Kohl abgießen und abtropfen lassen.

Hackfleisch in der Pfanne anbraten, Zwiebel und Reis hinzugeben und daraus die Füllung zubereiten. Kräftig mit Pfeffer und Salz würzen.
Beim abgekühlten Weißkohl die großen Blätter auseinander drücken, ohne den Kohlkopf zu beschädigen. Die Hackfleischmasse vorsichtig zwischen die großen Blätter verteilen und die Blätter wieder andrücken. In einem Bräter mit Deckel etwas Öl erhitzen und den Kohlkopf hineinsetzen.
Mit zerlassener Butter begießen, in den Backofen schieben und bei 200 °C 10 Minuten bräunen.
Die Sahne mit Kümmel und Muskat vermischen und über den Kohl gießen. Den Deckel auflegen und weitere 20 Minuten garen.
Den fertigen Kohl in Viertel schneiden und mit dem Bratenfond servieren.

sapikanka kapustoi s gribami

WEISSKOHLAUFLAUF MIT REIS UND PILZEN

FÜR 4 PERSONEN

1 kg gewürfelter Weißkohl
1 El Butter
500 ml Milch
150 g Reis
60 g getrocknete Steinpilze
125 ml Sahne
2 Eier
2 gewürfelte Zwiebeln
2 El Semmelbrösel
1 Bund fein gewiegte Petersilie
gemahlener Kümmel
weißer Pfeffer aus der Mühle
Salz

Den gewürfelten Weißkohl in ¼ l Milch gar dünsten. Pilze in warmem Wasser einweichen. Den Reis in der restlichen Milch und einem Teil vom Pilzwasser ankochen.
Pilze und Zwiebeln dünsten, mit Pfeffer, Salz, und Petersilie mischen und zum Reis geben.
Eine Auflaufform ausbuttern. Abwechselnd mit Kohl und Reismischung füllen. Zum Schluss die Sahne mit den Eiern und Kümmel mischen und über den Auflauf gießen. Die Semmelbrösel darüber streuen und Butterflöckchen aufsetzen.
Im Backofen bei 190 °C 30 Minuten überbacken. Dazu passt eine frische Tomatensoße.

kapustnaja sapikanka s krabami

WEISSKOHL-KRABBEN-SOUFFLÉ

FÜR 4 PERSONEN

500 g Weißkohl
100 g Tiefseekrabben
1 Tl Sojasoße
5 Eigelb
5 Eiweiß
2 El Butter
200 g Semmelbrösel
125 ml Sahne
200 ml Milch
1 gewürfelte, goldgelb gebratene Zwiebel
Salz
weißer Pfeffer aus der Mühle

Den Weißkohl hobeln und in der Milch garen, abkühlen lassen und durch die feine Scheibe vom Fleischwolf drehen. Die Krabben mit dem Messer fein hacken.
Kohl, Krabben, Semmelbrösel, Sojasoße, Eigelb, zerlassene Butter und Zwiebel mischen.
Mit Salz und Pfeffer abschmecken. Das Eiweiß und die Sahne sehr steif schlagen und vorsichtig unter die Masse heben.
Diese in eine dick ausgebutterte Souffléform einfüllen.
Im vorgeheizten Backofen das Soufflé bei 200 °C 35 Minuten backen. Die letzten fünf Minuten den Backofen ausschalten.

СССР

piroggi s kapustoi i koptschjonijm paltusom

KRAUTPIROGGEN MIT GERÄUCHERTEM HEILBUTT

FÜR 4 PERSONEN

1 kg Weißkohl
4 El gerösteter Grieß
125 ml Milch
3 El Butter
2 El Semmelbrösel
1 Ei
1 gewürfelte, gedünstete Zwiebel
100 g geräucherter Heilbutt
weißer Pfeffer aus der Mühle
Salz

Weißkohl fein hobeln und mit etwas Salz mürbe stampfen, anschließend in der Milch halbgar kochen. Den gerösteten Grieß zugeben und fertig garen. Das fertige Kraut mit den Zwiebelwürfelchen, Ei und Pfeffer mischen. Die gesamte Masse durch den Fleischwolf drehen, eine Rolle formen, kleine gleichmäßige Portionen abstechen und schließlich kleine Scheiben formen. Den Heilbutt zerrupfen und gleichmäßig auf den Scheiben verteilen.
Die Ränder zusammendrücken und in der Hand zu Ovalen formen. In den Semmelbröseln wälzen und in der Butter von allen Seiten goldbraun braten. Mit geschmolzener Butter und einem frischen Salat auf den Tisch bringen.

scharenaja zwetnaja kapusta

FRITTIERTE BLUMENKOHLRÖSCHEN

FÜR 4 PERSONEN

1 kg Blumenkohl
220 g gesiebtes Weizenmehl
200 ml Milch
2 Eigelb
2 Eiweiß
Salz
Frittierfett

Den Blumenkohl putzen, in einzelne Röschen teilen und im Salzwasser garen – er sollte noch Biss haben. Gut abtropfen lassen.
Aus Mehl, Milch, Eigelb und Salz einen Ausbackteig rühren. 30 Minuten stehen lassen.
Das Eiweiß steif schlagen und unter den Teig heben.
Die abgetropften Blumenkohlröschen in den Teig tauchen und im aufrauschenden Fett frittieren.
Eine köstliche Beilage zu kurz gebratenem Fleisch.

scharenije champignon s ukropom-tschesnotschnim sosom

FRITTIERTE CHAMPIGNONS MIT DILL-KNOBLAUCH-SOSSE

FÜR 4 PERSONEN

500 g große Champignons
2 Eier
5 El Semmelbrösel
weißer Pfeffer aus der Mühle
Salz
einige Zitronenschnitze
Frittierfett

Für die Soße:
200 ml saure Sahne
1 Bund fein gewiegter Dill
2 gepresste Knoblauchzehen
weißer Pfeffer aus der Mühle
Salz

Die Pilze putzen und in Salzwasser einmal aufkochen, abgießen und gut abtropfen lassen. Die Eier schaumig rühren, pfeffern, salzen und die Pilze darin wenden. Anschließend in den Semmelbröseln wälzen und im aufrauschenden Fett 3–4 Minuten frittieren. Auf Küchenpapier abtropfen lassen und mit den Zitronenschnitzen anrichten.

Die saure Sahne mit Knoblauch, Dill, Pfeffer und Salz vermischen, etwas ziehen lassen und zu den Champignons reichen.

zwetnaja kapusta s okorokom

BLUMENKOHLSCHNITTEN MIT SCHINKEN

FÜR 4 PERSONEN

1 kg Blumenkohl
8 Scheiben gekochter Hinterschinken
5 El Semmelbrösel
3 Eier
Salz
weißer Pfeffer aus der Mühle
100 g geriebener Käse

Blumenkohl von allen grünen Strünken befreien und waschen.

In einem ausreichend großen Topf Salzwasser zum Kochen bringen, den Kohl hineingeben und bissfest garen, anschließend herausnehmen und auskühlen lassen.

Den Blumenkohl in acht Scheiben schneiden, die Eier schaumig rühren und mit Pfeffer und Salz würzen. Die Kohlschnitten in Ei und Semmelbröseln wenden.

Ein Backblech mit Backpapier auslegen und den Blumenkohl darauf setzen, jede Scheibe mit Schinken belegen und mit Käse bestreuen. Bei 200 °C im Backofen 30 Minuten überbacken. Dazu schmecken Salzkartoffeln.

swekla sapolnenaja mjasnijm farschom

ROTE BETE MIT HACKFLEISCHFÜLLUNG

FÜR 4 PERSONEN

4 große Rote Bete
300 g gemischtes Hackfleisch
2 gewürfelte Zwiebeln
2 Eier
2 El Semmelbrösel
schwarzer Pfeffer aus der Mühle
250 ml Brühe
2 El Butter
1 Bund fein gewiegter Dill
250 ml Sauerrahm

Die Rote Bete waschen und mit Wurzel und Blütenansatz in einen Topf mit kochendem Salzwasser geben. Sie sollten nicht verletzt werden, sonst bluten sie zu stark aus. Eine Stunde kochen lassen, unter kaltem Wasser abschrecken und schälen. Einen Deckel abschneiden und mit einem Kugelausstecher aushöhlen.

Aus Hackfleisch, Zwiebeln, Eiern, Semmelbröseln, Pfeffer und Salz einen geschmeidigen Fleischteig mischen und in die vorbereitete Rote Bete füllen.

Einen schweren Topf mit einem El Butter ausreiben, die Rote Bete hineinsetzen und die Brühe angießen. Im Backofen 45 Minuten bei 190 °C backen.

Den Sauerrahm mit Dill, Salz und Pfeffer mischen und zu den Roten Beten reichen.

Tipp

Rote Bete nur mit Gummihandschuhen schälen. Die Farbe ist äußerst intensiv und nur schwer wieder zu entfernen!

morkownije klotzki s tworogom

MÖHREN-QUARK-KLÖSSCHEN

FÜR 4 PERSONEN

1 kg Möhren
125 ml Milch
4 El Hartweizengrieß
1 Ei
200 g Quark
1 El Zucker
5 El Semmelbrösel
3 El Butter
125 ml Sahne
Salz
weißer Pfeffer aus der Mühle
Muskatnuss
2 Stängel fein gewiegte Petersilie

Die Möhren schälen, auf dem Gemüsehobel in feine Scheiben schneiden und in der Milch dünsten.

Den Hartweizengrieß in etwas Butter anrösten, mit Zucker und Salz würzen, ausquellen lassen und zu den Möhren geben. Alles etwas auskühlen lassen. Dann Ei und Quark unterheben und gut mischen. Die ganze Masse durch die Kartoffelpresse geben, nochmals umrühren und mit einem Teelöffel Nocken abstechen. In den Semmelbröseln wälzen und in der Butter ausbraten.

Die Sahne aufkochen, mit Pfeffer, Salz, Muskatnuss und der Petersilie würzen, eventuell mit eiskalter Butter montieren.

Die Sahnesoße zu den Klößchen reichen.

Flammende Rede Lenins

swekla (pesto)

ROTE-BETE-PESTO

FÜR 4 PERSONEN

3 große Rote Bete
2 gewürfelte, geröstete Zwiebeln
1 gepresste Knoblauchzehe
2 El Balsamico-Essig
4 El Kürbiskernöl
1 El Zucker
1 Prise Zimt
1 Prise Nelken
weißer Pfeffer aus der Mühle
1 Bund fein gewiegte Petersilie

Die Rote Bete waschen, in der Schale im Backofen eine Stunde backen, schälen und mit einem großen Messer fein hacken. Die gerösteten Zwiebelwürfel und alle anderen Zutaten gut miteinander mischen. Sollte die Masse noch nicht glatt genug sein, noch einmal mit dem Pürierstab durchmixen.
Das Pesto passt hervorragend zu Kartoffelklößchen.

Bolschoi Ballett

farschirowanije baklaschanoi

GEFÜLLTE AUBERGINEN

FÜR 4 PERSONEN

4 Auberginen
100 g gewürfelter Speck
100 g gekochter Reis
2 gewürfelte, geröstete Zwiebeln
2 geschälte und entkernte Tomaten
schwarzer Pfeffer aus der Mühle
Salz
125 ml Brühe
Fett für die Form

Die Auberginen waschen, halbieren und aushöhlen. Das Fruchtfleisch klein hacken und mit den anderen Zutaten mischen.
Die Auberginenhälften mit der Masse füllen und Butterflöckchen aufsetzen.
Eine Auflaufform ausfetten und die Auberginen einfüllen, die Brühe angießen und im Backofen bei 200 °C 30 Minuten backen.
Dazu schmeckt eine fruchtige Tomatensoße.

tuschonaja tikwa s jablokami

GESCHMORTER KÜRBIS MIT ÄPFELN

FÜR 4 PERSONEN

1 kg Speisekürbis
500 g Äpfel
2 El Butter
1 El Zucker
150 g Walnüsse
1 Prise Zimt
125 ml Milch
2 El Sahne
Salz
½ fein gewiegte Peperoni

Den geschälten Kürbis in Würfel schneiden, die Äpfel ebenfalls schälen, das Kerngehäuse entfernen und die Äpfel in Spalten schneiden. Die Butter erhitzen und Kürbis und Äpfel mit Salz, Zucker, Peperoni, Sahne und Zimt schmoren. Nach und nach mit der Milch angießen und leicht pürieren.

Das Mus erkalten lassen. Die Walnusskerne hacken und unterziehen.

Das Kürbismus passt gut zu knusprig gebackenen Blinys.

Wildgerichte

Wildgerichte – dikie sweri

In den riesigen Wäldern, Steppen und Mooren Russlands tummeln sich Hase, Hirsch, Reh und Wildschwein. Sie waren und sind eine willkommene Ergänzung des Speisezettels.
Aus der Zeit des Zaren Iwan IV. Wassiljewitsch (1530–1584), genannt der Schreckliche, ist der Speiseplan eines fürstlichen Banketts für 300 geladene Gäste überliefert, der die ganze Fülle der königlichen Speisekammern offenbart: „Zuerst gab es fünf Wildgerichte – gebratenen Pfau in vollem Gefieder, gewürzten Schwan, Kraniche mit Ingwer, Perlhühner mit Zimt und Ente in Rahm."
Damals kannte man das Beizen oder Marinieren von Wild noch nicht. Es muss sehr streng geschmeckt haben. Um diesen Hautgout etwas zu mildern, legt man das Wildbret für einige Stunden in Milch ein – das Fleisch wird milder im Geschmack, schön mürbe und zart.

scharenij sajaz

KANINCHENBRATEN

FÜR 4 PERSONEN

1 küchenfertiges Kaninchen ohne Kopf
50 g durchwachsener Speck
1 klein geschnittene Zwiebel
3 El Butter
300 ml Sahne
schwarzer Pfeffer aus der Mühle
Salz

Für die Marinade:
250 ml Rotwein
250 ml Essig
Senfkörner
2 Knoblauchzehen in Scheiben geschnitten
1 zerstoßenes Sardellenfilet
1 Tl Pfefferkörner

Die Zutaten für die Marinade in einen großen Gefrierbeutel füllen, das Kaninchen dazugeben, die überflüssige Luft aus dem Beutel drücken und gut verschließen. Das Kaninchen sollte vollständig von der Marinade umgeben sein. 24 Stunden im Kühlschrank marinieren.

Das Kaninchen zum Braten aus der Marinade nehmen und gut abtrocknen, pfeffern und salzen. Die Marinade durch ein Sieb geben. Die Butter in einem ovalen Bräter schmelzen, das Kaninchen anbraten und Speck und Zwiebel dazugeben. Etwas von der Marinade angießen, den Topf schließen und alles auf kleiner Flamme ca. 30 Minuten schmoren. Hin und wieder kleine Mengen der Marinade zugießen. Nach Ende der Garzeit das Kaninchen aus dem Topf heben und warm stellen.
Die Soße mit der Sahne ablöschen und mit eiskalter Butter binden.
Das Kaninchen mit der Soße und geschmorter Roter Bete servieren.

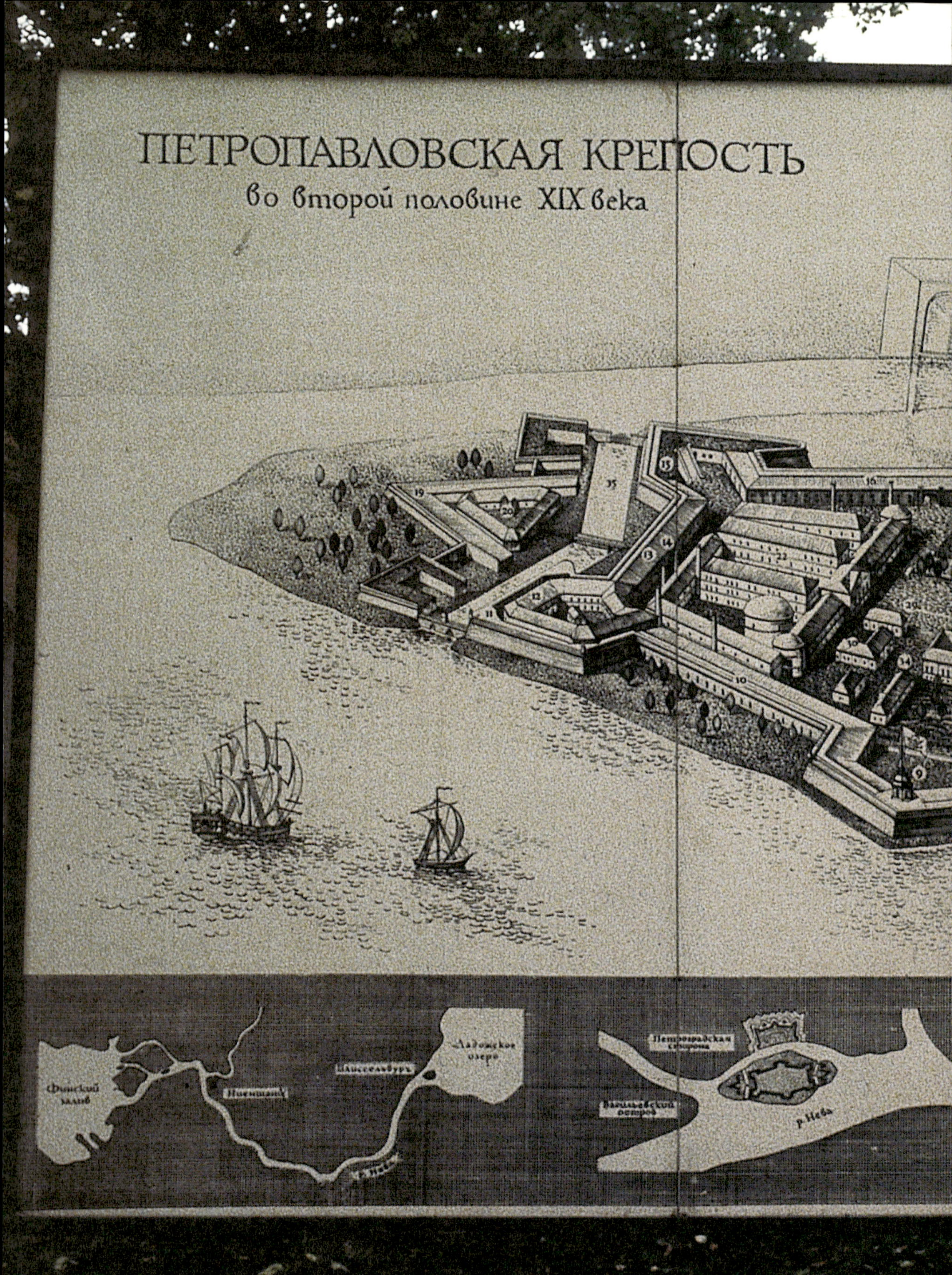
ПЕТРОПАВЛОВСКАЯ КРЕПОСТЬ
во второй половине XIX века
Финский залив
Ладожское озеро
Васильевский остров
р. Нева

ЭКСПЛИКАЦИЯ:
1. Головкин бастион
2. Кронверкская куртина
3. Меншиков бастион
4. Петровская куртина
5. Петровские ворота
6. Государев бастион
7. Невская куртина
8. Невские ворота
9. Нарышкин бастион
10. Екатерининская куртина
11. Трубецкой бастион
12. Тюрьма Трубецкого бастиона
13. Васильевская куртина
14. Васильевские ворота
15. Зотов бастион
16. Никольская куртина
17. Иоанновский равелин
18. Иоанновские ворота
19. Алексеевский равелин
20. Секретный дом
21. Петропавловский собор
22. Монетный двор
23. Дом ботика Петра I
24. Гауптвахта
25. Комендантский дом
26. Кронверк
27. Инженерный дом
28. Артиллерийский цейхгау
29. Оберофицерский дом
30. Плацмайорский дом
31. Кавальер
32. Казначейство
33. Прокурорский дом
34. Каретник
35. Каналы

terrina is sajza

KANINCHENTERRINE

FÜR 4 PERSONEN

1 Kaninchen
1 Möhre
1 Zwiebel
1 Stange Lauch
400 g Speck
8 Zweige Thymian
250 ml trockener Weißwein
4 cl Cognac
Salz
Pfeffer aus der Mühle
10 Wacholderbeeren

Das Kaninchen in acht Teile zerlegen, die Möhre schälen und in Scheiben schneiden. Die Zwiebel schälen und klein hacken, den Lauch putzen, der Länge nach einschneiden, unter Wasser gut auswaschen und in feine Streifen schneiden. Den Speck in kleine Würfel schneiden.

Alle Zutaten außer dem Cognac in einen schweren Topf geben und 1,5 Stunden garen.

Das Fleisch sollte nach der Garzeit fast vom Knochen fallen. Alles etwas abkühlen lassen und das Kaninchenfleisch von den Knochen lösen. Das Fleisch zerfasern und wieder mit der Soße vermischen. Dann den Cognac angießen und alles gut vermischen. In eine Terrine füllen und mit Alufolie bedeckt über Nacht im Kühlschrank durchziehen lassen.

Zum Servieren Brot in Butter anrösten und mit einer Scheibe der Kaninchenterrine belegen.

ragout is dikoi swini

WILDSCHWEINRAGOUT

FÜR 4 PERSONEN

500 g Wildschweinfleisch
250 ml Buttermilch
5 Wacholderbeeren
5 schwarze Pfefferkörner
2 Lorbeerblätter
2 Knoblauchzehen
1 El Butter
2 El Mehl
125 ml Rotwein
30 g Tomatenmark

Das Fleisch kalt abwaschen, trockentupfen und in Würfel schneiden. Eine Marinade aus Buttermilch, Wacholderbeeren, Pfefferkörnern, Lorbeerblättern und zerdrückten Knoblauchzehen herstellen und das Fleisch darin 2 Tage ziehen lassen.

Fleisch aus der Marinade heben und abtropfen lassen.

Butter erhitzen und das Fleisch darin anbraten, mit Mehl bestäuben und bräunen lassen. Rotwein mit Tomatenmark verrühren und zum Fleisch gießen, mit etwas Wasser verdünnen, Salz hinzugeben und zugedeckt etwa 75 Minuten schmoren. Wenn zu viel Flüssigkeit verdampft, etwas Marinade zugießen. Dazu passen kleine Mehlklößchen und in Butter geschwenktes Gemüse.

Grütze, Grieß, Reis, Graupen, Mais

Grütze, Grieß, Reis, Graupen, Mais – krupa, pscheno, ris, perlofka, kukurusa

Russische Nationalgerichte sind Grütze und Brei aus Getreide.
Früher wurde in Russland bei Abschluss von Friedensverträgen am Ende der Verhandlungen Grütze oder Brei gekocht. Daher hört man heute noch das Sprichwort „Mit dem kann man keine Grütze kochen", wenn ein Zeitgenosse uneinsichtig und starrsinnig ist.
Hinzu kommt, dass die hier aufgeführten Gerichte altbewährt sind, nur laufen sie heutzutage unter dem Begriff Vollwertküche – ein gelungener Beweis für die Tatsache, dass gesunde Ernährung keine Erfindung der Moderne ist. Sie ist dabei so schmackhaft, dass sie einem gar nicht „gesund" vorkommt. Wenn Sie unter einer ernährungsbedingten Krankheit leiden oder schon von kleinen Wehwehchen geplagt werden, dann sollten Sie öfter von den hier aufgeführten Gerichten essen. Sie werden mit der Zeit widerstandsfähiger und Infektionskrankheiten haben keine große Chance mehr.

pschenitschnaja krupa s mjordom i markom

WEIZENGRÜTZE MIT HONIG UND MOHN

FÜR 4 PERSONEN

200 g Weizenkörner
50 g Korinthen
100 g gemahlener Mohn
70 g gehackte Walnüsse
Mark von 1 Vanilleschote
200 g Waldhonig
150 g saure Sahne

Die Weizenkörner waschen, in kaltem Wasser ansetzen und ca. eine Stunde auf kleiner Flamme garen, abgießen und erkalten lassen. Korinthen, Mohn, Walnüsse, Vanillemark und Honig mischen und die Weizenkörner darunter ziehen. Die saure Sahne vorsichtig unterheben und im Kühlschrank ziehen lassen.

pschenitschny pirogg so slifkami i koritzeu

GRIESSKÜCHLEIN MIT ZIMTSAHNE

FÜR 4 PERSONEN

200 g Grieß
375 ml Milch
2 El Butter
2 Eigelb
2 Eiweiß
1 El Zucker
125 ml Sahne
1 Tl Zimt
1 Tütchen Vanillezucker
1 Prise Salz
Butterschmalz zum Braten

Den Grieß trocken in einer Bratpfanne rösten, in einen Topf füllen und mit der Milch zu einem dicken Brei kochen. Das Eigelb mit Zucker und Salz mischen und unter den Brei ziehen.

Die Butter unterrühren und alles etwas abkühlen lassen. Das Eiweiß steif schlagen und vorsichtig unter die Masse heben. Butterschmalz in einer Pfanne erhitzen, den Brei esslöffelweise in die Pfanne geben und von beiden Seiten goldgelb braten. Die Sahne schlagen, mit Vanillezucker und Zimt mischen. Auf jedes Grießküchlein einen Klecks Sahne setzen und servieren.

risowaja kascha s jablokami

REISAUFLAUF MIT ÄPFELN

FÜR 4 PERSONEN

400 g Milchreis
1,5 l Milch
200 g Äpfel
2 Eier
2 El Butter
200 ml Sahne
200 g Zucker
1 Tl Zimt
50 g Rosinen
Prise Salz
Saft von 1/2 Zitrone
2 El Semmelbrösel
Butter für die Form

Den Reis waschen, mit der Milch und der Hälfte vom Zucker zu einem dicken Brei kochen.

Butter, Eier, Rosinen und Salz unter den Brei rühren. Die Äpfel schälen, Kerngehäuse entfernen, in Spalten schneiden und mit Zitronensaft beträufeln.

Eine hohe Auflaufform ausbuttern und mit Semmelbröseln ausstreuen. Die Hälfte vom Reis einfüllen, darauf die Apfelspalten legen, mit dem restlichen Zucker und Zimt bestreuen. Die Apfelschicht gleichmäßig mit dem übrigen Reis bedecken. Die Sahne leicht anschlagen und auf dem Reis verteilen.

Im Backofen bei 200 °C ca. 10–15 Minuten überbacken.

gretschka sepitschornaja tworogom

BUCHWEIZENAUFLAUF MIT QUARK

FÜR 4 PERSONEN

400 g Buchweizengrütze
1,5 l Milch
200 g Quark
1 El Honig
3 Eier
3 El Semmelbrösel
2 El Sahne
Prise Salz
Butter für die Form
2 El zerlassene Butter

Aus grober Buchweizengrütze mit der Milch einen dicken Brei kochen, die Milch muss von der Grütze ganz aufgesogen werden. Die Grütze abkühlen lassen.

Den Quark mit zwei Eiern und dem Honig verrühren und unter den Brei ziehen. Die gebutterte Form mit Semmelbröseln ausstreuen, die Grütze einfüllen und glatt streichen. Die Sahne mit dem restlichen Ei verquirlen und über die Grütze gießen.

Im Backofen bei 180 °C 30 Minuten überbacken.

Zum Servieren mit zerlassener Butter beträufeln.

perlowoje chlopja s swerschimi gribami i salom

PERLGRAUPEN MIT FRISCHEN PILZEN UND SPECK

FÜR 4 PERSONEN

400 g Perlgraupen
4 El Butter
300 g feinblättrig geschnittene Champignons
100 g durchwachsener Speck in Würfeln
3 Lauchzwiebeln in feinen Ringen
schwarzer Pfeffer aus der Mühle
Salz
1 Bund fein gewiegter Dill

Die Graupen waschen und im kalten Wasser ausquellen lassen, in ein Sieb gießen und unter fließend kaltem Wasser spülen. Einen Liter Salzwasser aufkochen und die Graupen einfüllen. So lange kochen, bis das Wasser von den Graupen ganz aufgesogen worden ist.
Die Pilze, Zwiebeln und Speck in Butter leicht anbraten, unter die Graupen heben und gut vermischen. Mit Pfeffer und Salz abschmecken.
Den Backofen auf 100 °C vorheizen und den Graupentopf eine Stunde gar ziehen lassen.
Mit Dill bestreut servieren.

kukurusa s zwetnymi owochejami

BUNTES MAISGEMÜSE

FÜR 4 PERSONEN

1 kg Zuckermaiskolben
200 g Aubergine
300 g geschälte Tomaten
3 Möhren
2 Petersilienwurzeln
2 scharfe Zwiebeln
3 Knoblauchzehen
2 rote Paprika
2 gelbe Paprika
2 El Rapsöl
1 Tl Zucker
2 El Tomatenmark
schwarzer Pfeffer aus der Mühle
Salz
250 ml Gemüsebrühe

Die Maiskolben kochen und die Körner abpulen.
Die anderen Gemüse putzen und in kleine Würfel schneiden.
Die Zwiebeln in Öl anbraten und das Tomatenmark in der Pfanne anrösten. Die anderen Gemüse einfüllen und mitbraten. Mit etwas Gemüsebrühe ablöschen. Den Knoblauch in feine Scheiben schneiden und zum Gemüse geben. 10 Minuten köcheln lassen.
Mit Pfeffer, Salz und Zucker abschmecken.

Kartoffeln

Kartoffeln – kartoffel

Zar Peter I. musste sein Volk mit einem Erlass zum Kartoffelanbau zwingen. Die Bauern hatten große Furcht vor dem „Teufelsapfel“. Und heute spielt sie in der Küche eine große und wichtige Rolle. Nahezu 1000 Gerichte lassen sich mit der Kartoffel zubereiten. Nichts ist vielseitiger als die Kartoffel!
Man kann sie kochen, dämpfen, dünsten, braten, frittieren, gratinieren oder im Ofen in der eigenen Schale backen. Folgende Punkte sollten Sie bei der Zubereitung beachten:

- *Kartoffeln kurz und gründlich waschen.*
- *Dünn schälen und nicht lange im Wasser liegen lassen.*
- *Zum Braten in kleine Würfelchen schneiden, so wird alles rundherum kross und knusprig.*
- *Zum Kochen nicht zu viel Wasser verwenden.*
- *Neue Kartoffeln nicht zum Braten verwenden, sie bräunen sehr schwer und werden hart. Am besten schmecken neue Kartoffeln, wenn man sie kocht.*
- *Zum Frittieren von Kartoffeln eignen sich Scheiben oder feine Streifen. Wenn sie zu dick sind, bleiben sie innen roh, während die Außenseiten schon braun sind. Und bitte niemals vor dem Frittieren salzen.*
- *Vor dem Braten die Kartoffeln immer gut trockentupfen, sonst spritzt einem das Fett um die Ohren.*

kartoffelnije roulade

KARTOFFELROLLE

FÜR 4 PERSONEN

600 g Kartoffeln
200 g Sauerkraut
2 Zwiebeln
60 g durchwachsener Speck
4 Eier
2 El Weizenmehl
1 Apfel
weißer Pfeffer aus der Mühle
Salz
30 g Butter
frisch geriebene Muskatnuss
5 Wacholderbeeren
3 Pimentkörner
1 Lorbeerblatt

Die Kartoffeln schälen, in Salzwasser kochen, noch heiß durch die Kartoffelpresse drücken und mit den Eiern, Mehl, Pfeffer, Salz und Muskat vermischen. Der Kartoffelteig sollte eine feste Konsistenz haben. Ein großes Stück Klarsichtfolie auf die Arbeitsfläche legen. Den Kartoffelteig darauf ausbreiten und glatt streichen.
Für das Sauerkraut Zwiebeln und Apfel schälen, entkernen, würfeln und in der Hälfte der Butter anbraten. Den klein gewürfelten Speck dazugeben und mitbraten. Sauerkraut zufügen und mit zerdrückten Wacholderbeeren und Pimentkörnern, Pfeffer, Lorbeerblatt und Salz würzen. Ca. 20 Minuten dünsten. Die Gewürze wieder herausfischen und das Ganze etwas abkühlen lassen.
Das Sauerkraut auf dem Kartoffelteig verteilen, mit Hilfe der Klarsichtfolie eine Rolle formen und auf ein mit Backpapaier ausgelegtes Backblech legen. Folie entfernen.
Mit der restlichen Butter bestreichen und im Backofen bei 200 °C ca. 20 Minuten goldbraun backen.

Gefüllte Kartoffeln

kartoffel natschinonoi seljodkoi

KARTOFFELN MIT HERING GEFÜLLT

FÜR 4 PERSONEN

1 kg mittelgroße Kartoffeln
2–3 Heringsfilets
1 gewürfelte Zwiebel
2 Eier
3 El Milch
2 El Sahne
1 kleine Salzgurke in feinen Streifen
2 Zweige fein gewiegter Dill

Die Kartoffeln waschen, trocknen, auf ein Backblech legen und mit Meersalz bestreuen. Für eine Stunde bei 220 °C im Backofen backen.

Von den gebackenen Kartoffeln einen Deckel abschneiden und bis auf 1 cm Wandstärke vorsichtig aushöhlen.

Die Heringsfilets in feine Stückchen schneiden, die Zwiebeln in wenig Fett dünsten und zum Fisch geben. Die ausgepulte Kartoffelmasse mit einer Gabel fein zerdrücken und ebenfalls zum Fisch geben. Milch, Sahne, Eier, Pfeffer, Salz, Salzgurke und Dill mit der Masse vermischen und in die ausgehöhlten Kartoffeln füllen. Wieder alle Kartoffeln auf das Backblech setzen und im Backofen bei 200 °C goldbraun überbacken.

Das ist ein wunderbarer Snack für zwischendurch.

pjure is kartoffelja s markowkoi

KARTOFFEL-MOHN-PÜREE

FÜR 4 PERSONEN

1 kg Kartoffeln
3 El Mohn
3 El Butter
200 ml Sahne
Mark von 1 Vanilleschote

Den Mohn mit kochendem Wasser überbrühen, abgießen und im Mörser zerstoßen.

Die geschälten Kartoffeln kochen und durch die Presse drücken. Mohn, Vanillemark und Butter dazugeben.

Unter ständigem Rühren die heiße Sahne angießen.

Dieses Püree passt zu kurz gebratenem Fleisch.

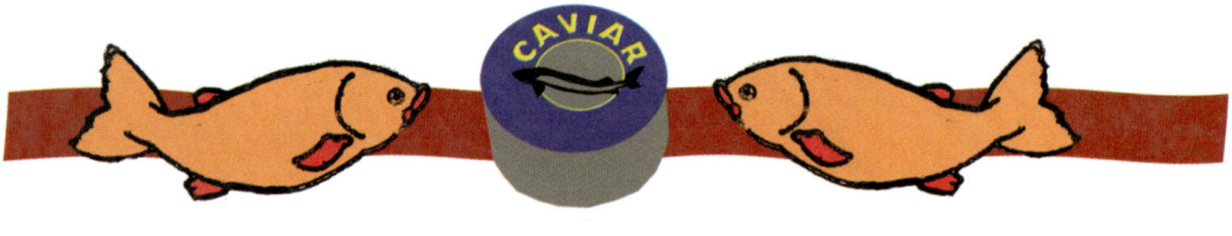

kartoffelnije klotzki

KARTOFFELKLÖSSCHEN

FÜR 4 PERSONEN

500 g Kartoffeln
4 El Butter
2 Eier
2 El Weizenmehl
3 El Semmelbrösel
weißer Pfeffer aus der Mühle
Salz
Muskatnuss

Kartoffeln schälen, in Salzwasser kochen und durch die Kartoffelpresse drücken. Eier und Weizenmehl unterrühren, mit Salz, Pfeffer und Muskat abschmecken.

Mit einem feuchten Teelöffel kleine Mengen abstechen und zu Kugeln formen.

Salzwasser zum Kochen bringen, die Hitze reduzieren, die Klößchen einlegen und ca. 5 Minuten ziehen lassen. Die Klößchen sind gar, wenn sie an die Oberfläche kommen.

Die Semmelbrösel in der Butter goldbraun rösten und über die Klößchen streuen. Dazu passt ein frischer Feldsalat mit Walnüssen.

kartoffel sapikanka s morkowkoi i sirom

KARTOFFELAUFLAUF MIT MÖHREN UND KÄSE

FÜR 4 PERSONEN

1 kg Kartoffeln
500 g Möhren
400 g geriebener Käse
2 El Butter
250 ml Sahne
weißer Pfeffer aus der Mühle
Salz
1 Prise Zucker
1 Prise Muskat
1 Bund fein gewiegter Petersilie

Kartoffeln und Möhren schälen und in feine Scheiben hobeln.

Eine Auflaufform ausbuttern und als erste Schicht Kartoffeln, dann Möhren, Käse, Pfeffer, Salz, Petersilie und etwas Sahne einfüllen. So lange wiederholen, bis alle Zutaten in die Auflaufform geschichtet sind, den Abschluss sollte eine Käseschicht bilden. Die restliche Sahne mit Muskat und der Prise Zucker vermischen und über den Auflauf geben. Im Backofen bei 190 °C ca. 70 Minuten backen. Sollte der Käse zu braun werden, muss die Form mit Alufolie abgedeckt werden. Nach dem Backen sollte der Auflauf im Backofen noch 15–20 Minuten ruhen.

Maria-Verkündungs-Kathedrale im Kreml

kartoffelnaja sapikanka s tworokom

KARTOFFELAUFLAUF MIT QUARK

FÜR 4 PERSONEN

1 kg Kartoffeln
200 g abgetropfter Quark
2 Eier
1 Eiweiß
2 El Butter
2 El Zucker
1 Prise Salz
Mark von 1 Vanilleschote
200 ml Sahne
1 Tl Vanillezucker

Die gekochten Kartoffeln durch die Presse drücken, ein ganzes Ei und die Prise Salz zugeben, gut verrühren.

Den abgetropften Quark durch ein Sieb streichen und mit einem Ei, Zucker und Vanillemark mischen. Das Eiweiß steif schlagen und vorsichtig unter den Quark heben.

Eine Auflaufform ausbuttern und die Hälfte der Kartoffeln einfüllen, dann die Quarkmasse aufstreichen, zum Schluss wieder eine Kartoffelschicht. Alles mit zerlassener Butter bestreichen und mit der Hälfte vom Vanillezucker bestreuen. Im Backofen bei 190 °C 45 Minuten backen.

Die Sahne mit dem restlichen Vanillezucker halbsteif schlagen und zum Auflauf servieren.

kartoffel natschinonnij gribami

GEFÜLLTE KARTOFFELN MIT PILZEN

FÜR 4 PERSONEN

1,5 kg große Kartoffeln
50 g getrocknete Steinpilze
10 g getrocknete Shiitakepilze
2 hart gekochte Eier
2 El Butter
2–3 El Semmelbrösel
1 gewürfelte Zwiebel
1 gepresste Knoblauchzehe
schwarzer Pfeffer aus der Mühle
Salz
1 Bund fein gewiegte Petersilie

Die geschälten Kartoffeln in Salzwasser fast gar kochen, abgießen und ausdampfen lassen. Von der Längsseite einen Deckel abschneiden und die Kartoffeln aushöhlen. Auf der Unterseite ein wenig abschneiden, damit die Kartoffeln stehen können.
Die Pilze in 300 ml heißem Wasser einweichen, aus dem Sud nehmen und gut ausdrücken. Das Pilzwasser durch ein Filterpapier gießen und 200 ml abmessen.
Die Pilze klein schneiden und mit den Zwiebeln in der Pfanne dünsten, bis alle Flüssigkeit verdampft ist. Knoblauch, Petersilie, gehackte Eier, Semmelbrösel, Salz und Pfeffer dazu geben und gut durchmischen. Die Masse in die Kartoffeln füllen, dann die Kartoffeln in den Topf zurückgeben und die zurückbehaltene Pilzflüssigkeit angießen. Ca. 10 Minuten nachgaren lassen.
Zum Servieren auf die Kartoffeln ein Butterflöckchen setzen und mit Petersilie bestreuen.

kartoffel natschinonnim farschom

GEFÜLLTE KARTOFFELN MIT HACKFLEISCH

FÜR 4 PERSONEN

8 große Kartoffeln
300 g gemischtes Hackfleisch
3 Knoblauchzehen
schwarzer Pfeffer aus der Mühle
Salz
Paprika
2 gepresste Knoblauchzehen
1 Tl Senf
250 ml Fleischbrühe
Butter zum Anbraten

Die Kartoffeln schälen und mit einem Kugelausstecher aushöhlen, der verbleibende Rand darf nicht verletzt werden. Auf der Unterseite der Kartoffeln ein Füßchen schneiden, damit sie im Topf stehen können. Die Kartoffeln und das ausgepulte Kartoffelfleisch in eine Schüssel mit Wasser legen, sonst werden sie braun.
Das Hackfleisch mit den Gewürzen, Senf und Knoblauch mischen. Die Hälfte vom Kartoffelfleisch fein hacken und mit in die Hackmasse geben. Alles gut unterrühren und die ausgehöhlten Kartoffeln damit üppig füllen. In einem großen Bräter die Butter erhitzen und die vorbereiteten Kartoffeln nebeneinander setzen. Anbraten und die Brühe vorsichtig angießen. Im Backofen bei 220 °C 45 Minuten weiterschmoren. Am besten im Bräter servieren und mit einem Klecks Creme fraîche garnieren.

piroggi is kartoffelja s koritza

SÜSSE KARTOFFELPIROGGEN MIT ZIMTSAHNE

FÜR 4 PERSONEN

1 kg Kartoffeln
3 El Weizenmehl
350 g Quark (40 %)
2 El Zucker
3 El Butter
200 ml Sahne
1 Tl Zimt
1 Tl Zucker

Die geschälten Kartoffeln kochen und abgießen, auf der Flamme trocken dämpfen und durch die Presse drücken. Mit Mehl gründlich vermischen und zu einer Rolle formen. In gleichmäßige Scheiben schneiden und flach drücken. Den Quark durch ein Sieb streichen und mit Zucker und einer Prise Salz mischen. Jeweils einen Klecks Quarkfüllung auf die Kartoffelscheiben geben und die Ränder über der Füllung zusammendrücken. Zu kleinen Nocken formen und im Mehl wälzen. Die Butter in einer Pfanne erhitzen und die Piroggen von allen Seiten goldbraun braten.

Die Sahne mit Zimt und Zucker halbsteif schlagen und zu den Piroggen servieren.

Der Held kehrt zurück

kartoffelnogribnije s srasi pjure sosom

KARTOFFEL-PILZ-ROULADEN MIT PFEFFER-SAHNE-SOSSE

FÜR 4 PERSONEN

1 kg Kartoffeln
1 Ei
1 El Weizenmehl
2 El Rapsöl
100 g Champignons in Scheiben geschnitten
2 gewürfelte Zwiebeln
1 El Butter
schwarzer Pfeffer aus der Mühle
Salz
Muskatnuss

Für die Pfeffersoße:
1 fein gewürfelte Zwiebel
1 El Butter
250 ml Brühe
1 Tl Speisestärke
3 El saure Sahne
3 El grüne Pfefferkörner

Die gekochten Kartoffeln noch heiß durch die Presse drücken, etwas abkühlen lassen, das Ei, Salz und geriebene Muskatnuss zugeben und gut mischen. Eine Rolle formen, in gleichmäßige Stücke schneiden und flache runde Scheiben formen.

Die Champignons mit den Zwiebeln in Butter braten, bis die Flüssigkeit in der Pfanne verdampft ist. Mit Pfeffer und Salz würzen.

Die Pilzmasse mit einem Teelöffel auf die Kartoffelscheiben verteilen. Die Kartoffelscheiben wie eine Roulade aufrollen und in Mehl wälzen. Von allen Seiten im Öl goldbraun braten.

Für die Zubereitung der Pfeffersoße die gewürfelte Zwiebel in der Butter anbraten. Von der Brühe etwas abnehmen und damit die Speisestärke anrühren. Die restliche Brühe an die Zwiebel gießen. Den frischen Pfeffer zufügen und einmal aufkochen, mit der Stärkebrühe binden und von der Flamme ziehen. Die saure Sahne mit einer Gabel aufschlagen und unter die Soße rühren.

Die Kartoffelpilzrouladen mit der Soße servieren.

Hülsenfrüchte

Hülsenfrüchte – bobowije rastenija

„Ein sturmfester Magen sei von Nöten, um der getrockneten Bohnen, Linsen und Erbsen Herr zu werden." So umschrieb ein Gast am Hofe des Zaren seine Erfahrungen mit der ländlichen Küche. Allzu oft war ihm bei seiner Reise über Land ein deftiges Hülsengericht aufgetragen worden. Allerdings gab er zu, dass er sich immer besonders wohl fühlte, wenn er eine solche Speise genossen hatte.

Wir wissen heute auch, warum: Hülsenfrüchte sind wahre Mineralbomben. Sie sind sehr stärkereich, eiweißhaltig und stecken voller Ballaststoffe.

Zur Zubereitung weichen Sie die Hülsenfrüchte über Nacht in Wasser ein und kochen sie in ihrem Einweichwasser gar. Nach ca. 1 Stunde sollten Sie einen Bisstest machen, denn es ist unangenehm, wenn die Hülsenfrüchte noch zu hart oder im Gegenteil zu Mus verkocht sind.

gorochoe pjure s chlebnimi kubikami

ERBSENPÜREE MIT GERÖSTETEN WEISSBROTWÜRFELN

FÜR 4 PERSONEN

500 g frische grüne Erbsen
1 El Weizenmehl
500 ml heiße Milch
2 Stiele fein gewiegte Petersilie
3 El Butter
Salz
2 Scheiben Weißbrot
1 Tl Zucker
1 Ei

Die Erbsen in reichlich Salzwasser 15 Minuten kochen, abgießen und durch ein Sieb streichen.

Weißbrot in kleine Würfel schneiden und mit einer Mischung aus Ei, Zucker und drei Esslöffeln von der heißen Milch einweichen und in einem Esslöffel erhitzter Butter goldbraun rösten.

Das Mehl in einem Topf trocken anrösten und mit einem Schneebesen gründlich die heiße Milch einrühren, es dürfen keine Klümpchen entstehen. Kurz aufkochen lassen.

Das Erbsenmus unter die Mehlmilch rühren, mit Butter, Salz, Petersilie und Zucker mischen.

Den Erbsenbrei mit den Brotwürfeln servieren.

"...без чая–я скучаю!"
ЧАЙ
цейлонский
высший сорт
50g
TEE
HINA GREEN TEA

fasolewij pirogg so smetanoi

BOHNENKÜCHLEIN MIT SAHNE

FÜR 4 PERSONEN

200 g getrocknete weiße Bohnen
150 g Weizenmehl
2 El Butterschmalz
1 Ei
10 g Hefe
80 ml warme Milch
Salz
200 ml Sahne
2 El Zucker

Die Bohnen über Nacht in abgekochtem kaltem Wasser einweichen.

Reichlich Wasser zum Kochen bringen und die Bohnen darin bis zu zwei Stunden kochen, erst kurz vor Ende der Kochzeit das Salz zugeben.

Die gekochten Bohnen mit dem Pürierstab pürieren. Mit Mehl, Salz, in der Milch aufgelöster Hefe und dem Ei mischen.

Den Teig etwas gehen lassen.

Butterschmalz erhitzen und darin kleine Fladen braten. Die Sahne schlagen, auf die Fladen geben und mit Zucker bestreut servieren.

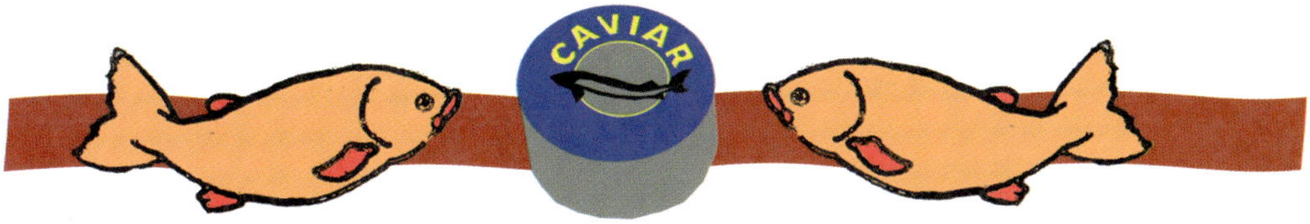

warjonije linsi s lukom i perzem

LINSEN MIT ZWIEBEL UND PAPRIKA

FÜR 4 PERSONEN

500 g Linsen
1 rote Paprika
1 gelbe Paprika
2 Lauchzwiebeln in feine Ringe geschnitten
2 El Kürbiskernöl
3 El Weinessig
schwarzer Pfeffer aus der Mühle
Salz
1 Prise Zucker
1 Bund fein gewiegte glatte Petersilie

Die Linsen in ausreichend kochendes Wasser streuen und 40–50 Minuten kochen. Kurz vor Ende der Garzeit etwas Salz zufügen.

Abgießen und in eine Schüssel füllen. Paprika waschen und in kleine Würfel schneiden.

Aus Essig, Öl, Pfeffer, Salz und Zucker eine Marinade rühren und über die Linsen geben.

Paprika, Zwiebel und die Petersilie unter die Linsen mischen.

Eine Stunde im Kühlschrank durchziehen lassen.

fasolwije kruschki w gribnom sose

BOHNENTALER MIT PILZSOSSE

FÜR 4 PERSONEN

500 g frische grüne Bohnen
1 Scheibe Weißbrot
4 El Sahne
2 Eier
½ El Weizenmehl
4 El Semmelbrösel
weißer Pfeffer aus der Mühle
Salz
3 El Butterschmalz

Für die Pilzsoße:
300 g frische Champignons, feinblättrig geschnitten
1 gewürfelte Zwiebel
1 gepresste Knoblauchzehe
200 ml Sahne
weißer Pfeffer aus der Mühle
Salz
2 El fein gewiegte Petersilie
1 El Butter

Grüne Bohnen putzen und im Salzwasser 15 Minuten kochen, abgießen und mit kaltem Wasser abschrecken.
Das Weißbrot in der Sahne einweichen, ausdrücken und zu den Bohnen geben. Zusammen durch den Fleischwolf drehen und mit den Eiern, Mehl, Semmelbröseln, Pfeffer und Salz gut mischen. Aus der Masse kleine Taler formen und im Butterschmalz ausbacken. Auf einen Teller Küchenpapier legen und die Taler darauf entfetten.

Für die Pilzsoße die Zwiebel in der Butter glasig dünsten und die Pilze zufügen, alles gut anbraten. Die Sahne angießen und mit Pfeffer, Salz, Knoblauch würzen. Die Petersilie vor dem Servieren unter die Soße rühren.

Teigwaren

Teigwaren – mutschnije isgelija

Im 14. Jahrhundert brachten Tataren und die Nachbarvölker Sibiriens den Nudelteig nach Russland. Seitdem sind gefüllte Teigwaren wie Wareniki und Galuschki auf jedem Speiseplan zu finden. So vielfältig wie ihre Füllungen sind auch die Verwendungsmöglichkeiten in der Küche: als Beilage, Hauptgericht oder Suppeneinlage.

Das Grundrezept für Wareniki:

450 g Weizenmehl
1 Ei
1/2 Tl Salz
200 ml Wasser

Alle Zutaten zu einem elastischen Teig verarbeiten.

wareniki s petschinju

WARENIKI MIT LEBER

FÜR 4 PERSONEN

Wareniki-Teig nach Grundrezept
700 g Geflügelleber
100 g gewürfelter gekochter Speck
2 gewürfelte Zwiebeln
2 gehackte Salbeiblätter
500 ml Gemüsebrühe
1 Tl Butter
weißer Pfeffer aus der Mühle
Salz
zerlassene Butter

Die Geflügelleber von Häutchen und Sehnen befreien und in der Gemüsebrühe 5 Minuten kochen, in Stücke schneiden und mit dem Speck im Cutter zerkleinern.

Die Zwiebel anrösten und zur Lebermasse geben, kräftig mit Pfeffer und Salz abschmecken.

Den Teig ausrollen und mit einem Glas Kreise ausstechen.

Mit einem Teelöffel kleine Leberhäufchen auf die Teigkreise setzen und die Ränder zusammendrücken. Wenn man mit einer Gabel Muster in den Teigrand prägt, sieht es hübscher aus und verschließt den Rand zusätzlich.

Die Gemüsebrühe wieder aufkochen, die Wareniki in die Brühe geben und die Hitze reduzieren.

Die Wareniki sind gar, wenn sie an die Oberfläche kommen.

Salbeiblätter in Butter anrösten und zum Servieren über die Wareniki geben.

wareniki s tworogom

WARENIKI MIT QUARK

FÜR 4 PERSONEN

Wareniki-Teig nach Grundrezept
800 g Quark
100 g Zucker
2 Eier
2 El Honig
Prise Salz
1 El Butter
Puderzucker

Den Quark durch ein feines Sieb streichen, mit Eiern, Zucker, Honig und Salz mischen und mit dem Teelöffel auf die ausgestochenen Teigkreise setzen. Teigtäschchen schließen und im kochenden Wasser gar ziehen lassen.
Mit Puderzucker bestreuen und mit zerlassener Butter beträufeln.

galuschki is pschenitschnoi muki

GALUSCHKI AUS WEIZENMEHL MIT SCHINKEN

Galuschki sind gekochte, in kleine Rechtecke geschnittene Klößchen, die entweder aus Mehl oder aus Kartoffelteig hergestellt werden.

FÜR 4 PERSONEN

300 g Weizenmehl
1 Ei
70 ml Milch
Salz
2 El Butter
150 g gekochter Schinken

Aus Mehl, Ei, Salz und Milch einen Teig kneten und 3–4 mm dick ausrollen. In 2 x 4 cm große Rechtecke schneiden und in Salzwasser kochen. Sie sind gar, wenn sie an die Oberfläche kommen.
Mit dem Schaumlöffel die Galuschki abschöpfen und abtropfen lassen.
In einer Pfanne die Butter erhitzen und den in Streifen geschnittenen Schinken anbraten, die Galuschki dazu geben und vermischen.
Alles kurz braten und mit einem grünen Salat servieren.

galuschki is kartoschka

GALUSCHKI AUS KARTOFFELN

FÜR 4 PERSONEN

500 g Kartoffeln
2 Eier
1 El Butter
1 ½ El Weizenmehl
Salz
Muskatnuss
geschmolzene Butter

Die gekochten und gepellten Kartoffeln durch die Kartoffelpresse drücken. Butter, Mehl, Salz, verquirlte Eier und Muskatnuss hinzufügen und gut durchrühren. Mit einem Esslöffel kleine Klößchen abstechen und in kochendes Salzwasser geben. 5–6 Minuten bei kleiner Flamme gar ziehen lassen. Mit dem Schaumlöffel abschöpfen und mit geschmolzener Butter anrichten.

Eierspeisen

Eierspeisen – jaitschnije bluda

Mit dem Einzug der französischen Köche fanden die feinen Eierspeisen ihren Weg in die russischen Mägen. Die luftigen Omeletts waren ein leichter Zwischengang. Sie ließen Platz für die Köstlichkeiten, die noch folgten.
Hier einige Tipps zum richtigen Umgang mit dem Ei:
Eier immer einzeln über einer Tasse aufschlagen und hineingleiten lassen. Nur so kann man feststellen, ob das Ei frisch ist.
Eier nehmen schnell fremde Gerüche an, deshalb sollte man sie nicht zusammen mit stark riechenden Lebensmitteln aufbewahren. Eier sollten am besten im Kühlschrank und mit dem stumpfen Ende nach oben aufbewahrt werden.
Eier dürfen nicht gewaschen werden, da die dünne Haut auf der Schale verletzt und Bakterien ins Innere gelangen könnten.
Für Eischnee darf das Eiweiß nicht zu kalt sein. Besonders steif wird es, wenn pro Eiweiß 1 Tl kaltes Wasser, 1 Spritzer Zitronensaft oder 1 Prise Salz hinzugefügt werden.

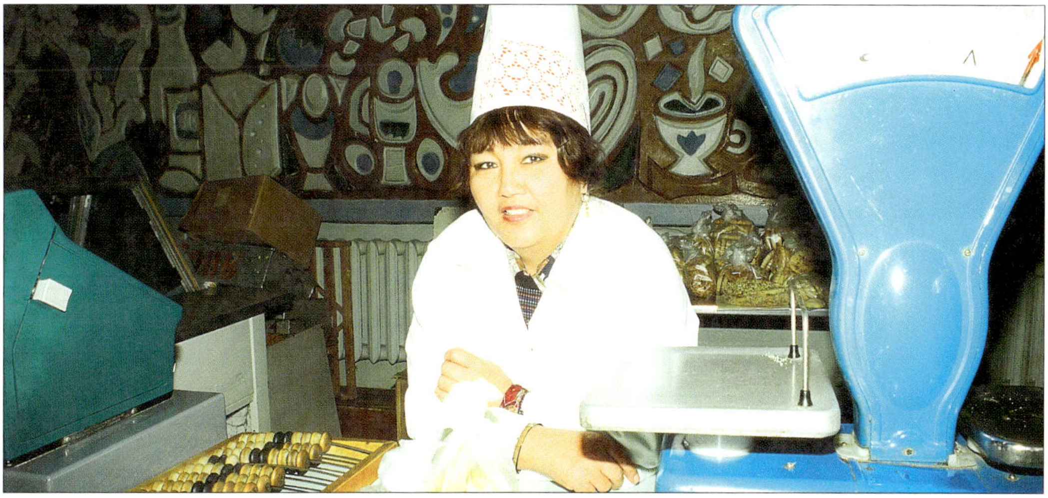

Verkäuferin im „Magazin“ von Irkutsk

jaiza s lukom

RÜHREI MIT ZWIEBEL

FÜR 4 PERSONEN

8 Eier
1 rote Zwiebel
1 El Butter
weißer Pfeffer aus der Mühle
Salz
2 El fein gewiegte Petersilie

Die Zwiebel in feine Ringe schneiden und in der Butter anbraten. Die Eier einzeln aufschlagen, in ein Gefäß geben und verquirlen. Auf die Zwiebel gießen und stocken lassen. Mit Pfeffer und Salz würzen und mit Petersilie bestreuen.

Frischei
Frischeinudeln
ДОМАШНИЕ МАКАРОННЫЕ ИЗДЕЛИЯ
Hausmacher Eiernudeln
СОСТАВ/Zutaten:
МУКА ПШЕНИЧНАЯ, ЯЙЦА/Hartweizengrieß
ВРЕМЯ ПРИГОТОВЛЕНИЯ/Kochzeit: ca.9-12
500 g ℮
СРОК ХРАНЕНИЯ/Mindestens haltbar bi
СМОТРИТЕ ОБРАТНУЮ СТОРОНУ УПАКО

glasonja

EIER IM NEST

FÜR 4 PERSONEN

500 g Kartoffeln
3 El Butter
125 ml Milch
weißer Pfeffer aus der Mühle
Salz
geriebene Muskatnuss
4 Eier
Butter für die Form

Kartoffeln schälen, kochen und zerstampfen. Mit Milch, Butter, Pfeffer, Salz und Muskatnuss vermischen. Eine Auflaufform buttern, den Kartoffelbrei einfüllen und glatt streichen.
Mit einem Löffel vier Vertiefungen eindrücken. In jede Delle etwas Butter setzen und darauf ein aufgeschlagenes Ei gleiten lassen.
In den auf 200 °C vorgeheizten Backofen schieben und ca. 10 Minuten überbacken.

omlett

OMELETTS

FÜR 4 PERSONEN

4 Eier
4 Eigelb
4 Eiweiß
Salz
1 El Butter

Eier und Eigelb mit einem Schneebesen gut verquirlen, mit Salz abschmecken. Die Eiweiß steif schlagen und unter die Eiermasse ziehen. Eine Pfanne zuerst erhitzen, dann die Butter hineingeben und die Hitze reduzieren. Eiermasse in die Pfanne gießen und stocken lassen. Die Pfanne etwas schwenken. Wenn die Oberseite nicht mehr flüssig ist, die Omeletts aus der Pfanne heben. Entweder als Omelett naturell servieren oder „süß" bzw. „herzhaft" füllen.

00 g

Desserts

Desserts – dessert

Uswar und Cholodnik (Kompotte und Kaltschalen) gehören unbedingt als Nachtisch zu einem russischen Essen. Sie werden aus frischen Früchten, Backobst, Beeren, aus Milch, Sahne und Quark, als Gelee, Auflauf oder Salat zubereitet.

gruschewopesikowy salat s jagodnim sosom

PFIRSICH-BIRNEN-SALAT MIT BEERENSOSSE

FÜR 4 PERSONEN

500 g Pfirsiche
500 g Birnen
100 g Puderzucker
Saft von 1 Zitrone
250 g Waldbeeren
4 El Zucker
1 El Speisestärke
1 Prise Zimt

Pfirsiche und Birnen waschen, Steine und Kerngehäuse entfernen, in kleine Würfel schneiden und mit Puderzucker und Zitronensaft mischen.

Die Waldbeeren verlesen, waschen und durch ein Sieb streichen. Mit Zucker und 375 ml Wasser kurz aufkochen. Speisestärke in 2 El Wasser anrühren und die Soße damit andicken. Mit Zimt würzen.

Das Obst in kleinen Schälchen anrichten und mit der Soße begießen.

St. Basilius-Kathedr.

swerschije lesnye jagordi w molotschnom sup

FRISCHE WALDBEEREN IN MILCHSUPPE

FÜR 4 PERSONEN

500 g frische Waldbeeren
100 g Zucker
3 Eigelb
3 Eiweiß
400 ml heiße Milch
1 Tl Speisestärke
Mark von 1 Vanilleschote
50 g geröstete Mandelblättchen

Die gewaschenen Waldbeeren mit 2 El Zucker durchziehen lassen. Das Eigelb mit Zucker, Vanillemark und Speisestärke cremig aufschlagen. Das Eiweiß mit einer Prise Salz steif schlagen und vorsichtig unter die Eiermasse ziehen. Im heißen Wasserbad unter ständigem Schlagen langsam die heiße Milch zugießen. Nun im kalten Wasserbad weiterschlagen und so die Temperatur reduzieren. Die Milchsuppe in Teller füllen und die Beeren einlegen. Mit den Mandelblättchen bestreuen.

tworog s jablotschnoi natschschinkoy

GEFÜLLTE ÄPFEL MIT QUARK

FÜR 4 PERSONEN

500 g Äpfel
150 g Quark
50 g Rosinen
1 Ei
1 Eigelb
1 Eiweiß
2 El Zucker

Die Äpfel waschen, halbieren und das Kerngehäuse entfernen.

Den Quark durch ein Sieb streichen. Das ganze Ei und das Eigelb mit Zucker schaumig rühren und mit den Rosinen zum Quark geben. Das Eiweiß mit einer Prise Salz steif schlagen und vorsichtig unter die Quarkcreme heben. Die Apfelhälften mit der Quarkcreme füllen und in eine gebutterte Auflaufform setzen.

Im Backofen bei 200 °C 15 Minuten überbacken.

kompot is suschonnich fruktow

KOMPOTT AUS GETROCKNETEN FRÜCHTEN

FÜR 4 PERSONEN

200 g Waldhonig
500 g gemischtes Dörrobst
50 g Rosinen
1 l Apfelsaft

Das Dörrobst gut waschen und mit Honig und den Rosinen im Apfelsaft einmal aufkochen und auf kleiner Flamme 40 Minuten zugedeckt köcheln lassen.

In eine Schale füllen und kühl stellen.

wischnowoye pjure s schokoladom

KIRSCHPÜREE MIT SCHOKOLADE

FÜR 4 PERSONEN

500 g entsteinte Kirschen
150 g Zucker
250 ml Rotwein
Saft von 1 Zitrone
½ Tl Zimt
1 Prise gemahlene Nelken
1 Tafel Halbbitterschokolade
200 ml Sahne

400 g Kirschen pürieren, mit Zucker, Rotwein, Zitronensaft, Zimt und Nelken vermischen. Die Schokolade reiben und mit den restlichen Kirschen unter das Kirschpüree ziehen.
In Gläser füllen und mit geschlagener Sahne anrichten.
Soll kein Rotwein verwendet werden, kann man ihn durch Kirschsaft ersetzen.

jablotschnaja penka

APFELSCHAUM

FÜR 4 PERSONEN

600 Äpfel
250 ml Sahne
100 g Zucker
125 ml Sekt
1 Tl Vanillezucker
10 Blatt Gelatine

Die Gelatine im kaltem Wasser einweichen und danach in 3 El warmem Wasser auflösen.
Die Äpfel schälen und ohne Kerngehäuse grob reiben, mit Zucker und Sekt vermischen.
Die Sahne mit Vanillezucker sehr steif schlagen, mit dem Apfelmus vermischen und die aufgelöste Gelatine unterziehen. Für drei Stunden in den Kühlschrank stellen. Zum Servieren mit einem Löffel Nocken abstechen und mit Apfelscheiben dekorieren.

ЛОТО

sliwotschnowinnoje schele

SAHNIGES WEINGELEE

FÜR 4 PERSONEN

250 ml Sahne
8 Blatt Gelatine
125 ml Tokajer oder Portwein
2 Tl Vanillezucker
200 g Zucker
100 g halbierte kernlose weiße Trauben

Die Gelatine in kaltem Wasser einweichen und danach in 3 El warmem Wasser auflösen.
Wein, Zucker und Vanillezucker zufügen und aufkochen. Abkühlen lassen und bevor das Gelee zu erstarren beginnt, die steif geschlagene Sahne unterziehen. Portionsförmchen zur Hälfte mit der Masse füllen und mit Weintrauben belegen. Die restliche Masse einfüllen und im Kühlschrank gelieren lassen.

apricosowoje tworoschnoje schele

APRIKOSEN-QUARK-GELEE

FÜR 4 PERSONEN

300 g Quark
2 El Puderzucker
12 Blatt Gelatine
200 g Aprikosenmus
4 cl Aprikosenlikör (Marillenlikör)
2 Tl Vanillezucker
1 Prise Salz

Die Gelatine in kaltem Wasser einweichen und danach in 3 El warmem Wasser auflösen. Den Quark durch ein Sieb streichen, mit Gelatine, Zucker, einer Prise Salz, Vanillezucker, Aprikosenmus und Aprikosenlikör gut mischen. In Gläser füllen und für 3 Stunden in den Kühlschrank stellen.
Mit einem Sahnehäubchen servieren.

Getränke

Getränke – napitki

Met – der Trunk der Götter

Schon immer wurde in Russland Met getrunken, der absolute Liebling neben Wodka.
Er wird aus Bienenhonig zubereitet und ist ausgesprochen süffig, einfach in der Herstellung ist er obendrein, wenn man ein bisschen Geduld und Zeit hat.
Honig wird mit Wasser aufgekocht und dann zum Gären warm gestellt. Das fertige Getränk wird in Fässer oder Ballonflaschen abgefüllt und im kühlen Keller gelagert. In ländlichen Gebieten gehört Met zu jedem Fest.

Kwass

Im Gegensatz zu Met enthält Kwass keinen Alkohol. Kwass ist ein Erfrischungsgetränk von besonderer Art. Er wird aus Schwarzbrot, Malzextrakt, Obstsäften und Backhefe als Gärungsmittel zubereitet. Er erinnert in seiner Konsistenz an Kombucha und ist äußerst erfrischend. Mit Pfefferminze, Apfelsinen- oder Zitronenschalen, Zucker und Honig als Geschmacksträger wird er jeder Jahreszeit gerecht. Kwass ist nicht lange haltbar und sollte schnell verbraucht werden.
Frischer Kwass schäumt und perlt fast wie Sekt. Er ist von angenehm süß-säuerlichem Geschmack. Will man ihn selber ansetzen, muss der Behälter gut verschlossen und mit einem Pfropfen gesichert sein.

metowiy napitok domaschniy

MET NACH ART DES HAUSES

1,5 kg Honig
1 Eiweiß
½ Tl Ingwer
½ Tl Muskatnuss
½ Tl Zimt
4 Nelken
1 Würfel Hefe (42 g)

Honig mit 6 l Wasser und dem Eiweiß gut vermischen und mit den Gewürzen auf kleiner Flamme ca. 1 Stunde kochen. Nach dieser Zeit sollte die Flüssigkeit klar sein. Den Sud abkühlen lassen und durch ein Leinentuch abseihen. Wer eines hat, kann ihn jetzt in ein Fässchen abfüllen, eine Ballonflasche kann auch verwendet werden. Nach dem Abfüllen wird die zerbröselte Hefe zugegeben. Fass oder Flasche nicht verschließen, sondern die Öffnung mit einem Leinentuch abdecken und den Behälter so warm wie möglich lagern. Nun fängt der Sud zu gären an, er schäumt ein wenig. Wenn dieser Vorgang beendet ist, kann man die Flasche oder das Fass fest verschließen und für 6–7 Monate kühl lagern. Danach kann man den Honigmet auf Flaschen ziehen oder am besten gleich trinken, je nach Gusto.

Met kann bis zu 10 % Alkohol entwickeln.

сухой

Крахмал
SPEISESTÄRKE
MONOLITH-GRUPPE
Zutaten:
Kartoffelstärke
Mindestens haltbar bis:
31.12.2003
M.A.X. plus GmbH
Netto: 1000g

kwas

KWASS-ORIGINALREZEPT

1 kg Weißbrot
25 g Hefe
250 g Zucker
30 g getrocknete Pfefferminzblätter
50 g Rosinen

Das Weißbrot in Scheiben schneiden und goldgelb toasten, in einen großen Topf oder, wenn vorhanden, in ein Fässchen füllen. Mit ca. 7 Liter kochendem Wasser übergießen und 4 Stunden ziehen lassen. Den Sud durch ein Leinentuch seihen. Hefe, Zucker und Pfefferminze zugeben und mit einem Leinentuch die Öffnung abdecken und 8 Stunden gären lassen. Wenn sich nach dieser Zeit Schaum bildet, den Kwass wieder durch ein Leinentuch seihen und in Flaschen füllen. Die Rosinen auf die Flaschen verteilen und gut verschließen. Jetzt sollte der Kwass liegend und gut gekühlt gelagert werden. Nach drei Tagen haben Sie ein Erfrischungsgetränk, das Sie jedem auch noch so bekannten Softdrink vorziehen werden.

kwas po widu isgotowlenija

KWASS NACH BIERBRAUERART

1,5 l Bier
500 g Zucker
210 g Rosinen
Saft und abgeriebene Schale
von 1 unbehandelten Zitrone
30 g Bierhefe

Das Bier in ein großes Gefäß füllen und mit 10 l siedend heißem Wasser verdünnen, Zucker, 200 g Rosinen, Saft und Schale der Zitrone zugeben. Mit einem Holzstiel umrühren und mit einem Mulltuch abdecken. Für 5 Stunden kühl stellen und ziehen lassen. Die Hefe zerbröseln und unter den Sud mischen. Jetzt sollte der Kwass wärmer stehen. Sobald der Kwass gärt und schäumt, durch ein Küchenhandtuch oder ein engmaschiges Sieb abseihen und in Flaschen füllen, aber nicht ganz voll machen. In jede Flasche einige Rosinen legen. Die Flaschen gut mit einem Korken verschließen und mit Draht oder Kordel sichern.

Wenn der Kwass in der Flasche perlt und sich Schaum bildet, muss er kühl gelagert werden. Nach gut einem Tag ist er dann trinkfertig.

wessenniy napitok

FRÜHLINGSTRUNK

500 ml Birkensaft aus dem Reformhaus
125 ml heller Traubensaft
200 ml Läuterzucker
100 ml trockener Weißwein
1 El Pfefferminzlikör
Saft von 1 Zitrone

Für den Läuterzucker 4 El Zucker mit 200 ml Wasser und Zitronensaft aufkochen und kalt werden lassen.

Birkensaft, Traubensaft, Wein, Pfefferminzlikör und Sirup mischen und kalt stellen.

Eiswürfel in ein Glas füllen und mit der Mischung übergießen.

Zur Dekoration mit einigen Minzeblättchen verzieren.

1896
ГОРІЛЧАНИЙ ЗАВОД

VGAN
INTER
USSIAN
VODKA

Glossar

Aceto Balsamico
Balsamessig, wird aus dem Most süßer Trauben gewonnen. Der echte Balsamico wird oft jahrzehntelang in Holzfässern gelagert.

Aspik
Gelee, fest mit Durchblick auf die Einschlüsse bei Pasteten oder Sülzen. Wird aus Fleischbouillon oder Fischsud, der mit Gelatine versetzt wird, hergestellt.

Backpflaumen
Getrocknete Pflaumen ohne Stein.

Blini
Pfannkuchen aus Weizen- und/oder Buchweizenmehl, die vorzüglich zum eisgekühlten Kaviar passen.

Butterschmalz
Durch Ausschmelzen von Wasser und Käseteilen entsteht als reines Fett Butterschmalz.

Cholodnik
Dessert aus Früchten/Kaltschalen.

Crème double
Besonders fetthaltige, dicke Sahne (franz. crème double = Doppelsahne).

Crème fraîche
Crème fraîche ist ein Sauermilchprodukt aus pasteurisierter Milch oder Sahne.

Cayennepfeffer
Er wird aus einer roten Chilischote hergestellt, die angeblich aus Cayenne in Fränzösisch-Guayana stammt. Dem handelsüblichen Cayennepulver werden oft noch andere Samen, Salz und Gewürze zugegeben. Er ist sehr scharf und sollte sehr sparsam verwendet werden.

Fond
Grundbrühe, die aus Knochen, Gemüse- oder Frischfischresten, die in Wasser ausgekocht werden, zubereitet wird.

Galuschki
Klößchen, die aus Weizenmehl oder gekochten Kartoffeln gefertigt werden.

Gelatine
Wird hauptsächlich zum Verdicken von Aspik oder Gelees verwendet. In Brühe oder Saft aufgelöst, verwandelt sie sich nach dem Abkühlen in eine schnittfeste Masse.

Kaviar
Frischer Rogen vom Stör. Eine sehr teure, aber köstliche Delikatesse.

Kapern
Kapern sind eine Strauchfrucht. Sie werden in Salzwasser oder Essig eingelegt und müssen bis zum endgültigen Verbrauch von der Lake bedeckt sein. Passen zu säuerlichen Soßen, Fischsalaten, Fleischspeisen und Kräuterquark. Die pikantesten und teuersten Kapern sind die Nonpareilles aus Südfrankreich. Sie sind klein, fest und rund.

Kwass
Russisches Nationalgetränk. Es besteht aus Wasser, Hefe, Roggenbrot und Zucker. Es wird unterschiedlich gewürzt. Nach dem Gären wird es auf Flaschen gezogen und ist nach ca. fünf Tagen trinkfertig.

Läuterzucker
Ein Teil Zucker mit 10 Teilen Wasser aufkochen. Der Zucker löst sich auf und es bleibt eine klare süße Flüssigkeit zurück. Findet Verwendung in Cocktails und in Süßspeisen.

Marinade
Marinaden aus Wein, Essig oder Fruchtsäften verleihen Fleisch, Fisch und Gemüse eine besondere Würze. Zusätzlich bleiben sie länger haltbar. Durch Zugabe von verschiedenen Gewürzen erreicht man wunderbare Aromen.

Morcheln
Ein ausgesprochener Delikatesspilz. Wird nur getrocknet angeboten.
Die Pilze sind im frischen Zustand giftig. Getrocknete Morcheln gut waschen und im heißen Wasser einweichen. Sie haben fast ein Trüffelaroma. Passen zu Pastagerichten. Einweichwasser für die Soße verwenden.

Nelken
Harte, getrocknete Blütenknospen, die ein sehr starkes Aroma haben. In der Küche eignen sie sich zu Braten-, Fisch- und Fleischmarinaden. Würzen Rotkohl und Kompott. Entfalten ihr Aroma in Glühwein oder Weihnachtsgebäck.

Piroggen
Eine dünn ausgerollte Teigplatte wird mit Füllung belegt. Der Teig wird über der Füllung zusammengelegt und festgedrückt. Mit Ei bepinselt im 180 °C heißen Backofen, je nach Füllung zwischen 30 bis 60 Minuten gebacken.

Paprikapulver
Ein kräftig rotes Gewürzpulver, das aus verschiedenen Sorten von Paprikaschoten hergestellt wird. Bekannt als Nationalgewürz Ungarns. Es wird zur Zubereitung von Gulasch, Soßen, Fleisch- und Hühnergerichten, Cremesuppen und Weichkäse verwendet. Es gibt edelsüßen und scharfen Rosenpaprika.

Piment
Beeren der Pfeffermyrthe und ein hervorragender Muskatersatz. Wegen der vielen Aromen auch Allgewürz genannt. Ihr Duft erinnert an Zimt und Nelken.

Petersilienwurzel
Die unterirdisch wachsende Wurzel der Petersilie. Schmeckt pikant und verleiht Suppen und Eintöpfen ein frisches Aroma.

Pochieren
Speisen, die am Siedepunkt gegart werden. Am bekanntesten ist wohl das pochierte Ei. Ein aufgeschlagenes Ei, das sich in einer Suppenkelle oder Tasse befindet, in siedendes Essigwasser gleiten lassen.

Sultaninen
Getrocknete Weintrauben.

Shiitakepilze
Asiatischer Speisepilz. Sehr würzig und aromatisch. Nur in kleinen Mengen verwenden, weil sein Geschmack alles andere überdeckt.

Tokajer
Wahrscheinlich der bekannteste ungarische Wein. Ein weicher, lieblicher hochprozentiger Wein, der aus der Furminttraube gekeltert wird. Er passt hervorragend zu Desserts, schmeckt aber auch als Aperitif vorzüglich.

Uswar
Als Uswar werden Süßspeisen bezeichnet, die aus Dörrobst (Trockenfrüchten) zubereitet werden.

Wareniki
Gefüllte Wareniki sind die bekanntesten russischen Mehlspeisen. Sie werden aus Nudelteig, der sowohl warm als auch kalt angerührt werden kann, zubereitet. Sie erinnern stark an italienische gefüllte Teigtäschchen (Ravioli).

Kreml

Register

Das Schwedische Kochbuch
KOMET
DAS TÜRKISCHE KOCHBUCH
NEVIN HALICI
KOMET
Län
be
Das Polnische Kochbuch
Petra Knorr
KOMET
Das Griechische Kochbuch
Alexander Aspropoulos
Kiriaki Dimitriadou-Koch
KOMET
das jüdische kochbuch
Petra Knorr
KOMET

DAS
RUSSISCHE
KOCHBUCH
PETRA
KNORR
KOMET
Das
Spanische
Kochbuch
Fernando Garcia Lopez
Petra Knorr
KOMET
全家福平安
全家福平安
derküche
KOMET
DAS
ITALIENISCHE
KOCHBUCH
Rino De Masi
KOMET
DAS
CHINESISCHE
KOCHBUCH
KOMET